シリーズ 新約聖書に聴く

エペソ人への手紙に聴く

神の大能の力の働き

鎌野直人［著］

いのちのことば社

はじめに

パウロ書簡と聞くと、ローマ人への手紙やガラテヤ人への手紙を思い浮かべる方が多くおられるのかもしれません。神学的な深みや使徒としてのパウロの熱情をこれらの手紙に見いだすからでしょうし、宗教改革の伝統に立つプロテスタント教会にとっては特に重要となる「信仰義認」が、これらの手紙には重点的に書かれているからでしょう。また、コリント人への手紙第一や第二、テトスへの手紙第一や第二、そしていわゆる牧会書簡と呼ばれているテモテへの手紙第一や第二、テトスへの手紙では、パウロの個人的な経験が語られていたり、それぞれの教会が直面している具体的な問題が明らかにされていたりします。内容がより具体的であるからこそ、興味をもって読む方がおられるでしょう。

それでは、パウロが獄中から書いたことが示唆されているエペソ人への手紙はどうでしょうか。そこには「信仰義認」に関する表現は登場しません。教会の具体的な事情はほとんど書かれていません。さらに、比較的古く、信頼がおける写本を見ると、「エペソの聖徒たちへ」（一・一）の「エペソの」の部分が欠落しており、ある特定の教会ではなく、小アジア（現在のトルコ）地域にあった教会で回覧されることを当初から願って書かれた書ではないか、と言われたりもします。確かに、エペソに比較的近い場所にあるコロサイの教会への手紙（コロサイ人への手紙）とは、内容的にも、全体の議論の流れについても共通することが多くあります。このような事情があるために、エペソ人への手紙がいつごろに書かれたのか、だれに向けて書かれたのか、本当にパウロが書いたのか、など学者たちの間では議論が絶えません。これらの様々な事情のためでしょうか、エペソ人への手紙は、特にプロテスタントの人々の間ではそれほど重んじられていないように思えます。

けれども、エペソ人への手紙を注意深く読み進めていくとき、パウロが他の書簡でも取り扱い続けたユダヤ人クリスチャンと異邦人クリスチャンの間の関係が詳しく取り扱われていることに気づきます。そして、すべての民からなる教会が、地域教会のレベルにとどまらず、普遍的で世界大のものとして描かれ、さらには宇宙的な影響を与えることができるものでもあることさえ綴られているのです。しかも、このような教会の姿が象徴的なもの、巨大で手に触れることのできないようなものとして描かれているのではありません。それぞれの地域や社会で、人と人との関わりの中でどのように扱われるべきなのか、という視点から具体的に述べられています。このように、他のパウロ書簡に慣れ親しんだ耳には、どこか新鮮で、その一方でどこかなじみが深く聞こえてくるのです。ひょっとしたら、エペソ人への手紙にこそ、パウロの信仰理解がコンパクトにまとめられているのかもしれません。

エペソは、小アジア西部の海岸沿いにあるギリシア植民地です。パウロの他の書簡の中にも、また使徒の働きやヨハネの黙示録の中にも登場する、初代教会にとっては重要な都市です。本書簡は、このような都市にあった教会に向けて書かれたものとして読み進めることが大切です。しかしそれに加えて、この書が当初から回覧されることを想定して書かれた可能性も、心のどこかにとどめておくことは大切でしょう。さらに、教会の正典として、二十一世紀に生きている私たちに向かって語りかけられているものでもあります。ですから、時代と文化の違いは確かにありますが、それを踏まえつつ、それを超えて神が今日の私たちに語られている書として、この手紙から共に神の声を聞かせていただくことが大切です。

エペソ人への手紙は大きく二つの部分に分けることができます。挨拶から始まり、キリストに働いた「神の大能の力の働き」によって何が変わったのかが前半の一章から三章で語られています。そして、その「神の大能の力の働き」が生み出した教会は、その一致とホーリネスを社会の中で具体的にどのように現すのかが後半の四章から六章に語られています。「神の大能の力の働き」のゆえに（前半）、教会はこのように歩むのだ（後半）、という大きな議論の流れを本書に見いだすことができます。

それでは、パウロはどのように自分の時代の教会に語りかけているのでしょうか。そして、私たちはそこから何を聞くのでしょうか。特に、「神の大能の力の働き」は私たちの何を変え、私たちにどのようなチャレンジを与えるのでしょうか。

目次

はじめに 3
1 神のわざから賛美へ〈エペソ一・一〜一四〉 9
2 神の力によって〈エペソ一・一五〜二・一〇〉 24
3 神の家族とされる〈エペソ二・一一〜二二〉 40
4 明らかにされた奥義〈エペソ三・一〜一三〉 54
5 すべての源である神〈エペソ三・一四〜二一〉 67
6 一つの教会、それぞれへの恵み〈エペソ四・一〜一六〉 80
7 新しい人を着よう〈エペソ四・一七〜三二〉 94
8 光の子どもとして歩む〈エペソ五・一〜二一〉 107

9　キリストが愛されたように〈エペソ五・二一～三三〉　121
10　従順な歩み〈エペソ六・一～九〉　134
11　主の大能の力によって〈エペソ六・一〇～二四〉　148

＊　＊　＊

宣教からホーリネスへ〈エペソ一・一〇、一五～二・一〇〉　161
ホーリネスから宣教へ〈エペソ三・一〇、四・一～三〉　179
おわりに　195

1　神のわざから賛美へ

〈エペソ一・一〜一四〉

「神のみこころによるキリスト・イエスの使徒パウロから、キリスト・イエスにある忠実なエペソの聖徒たちへ。私たちの父なる神と主イエス・キリストから、恵みと平安があなたがたにありますように。

私たちの主イエス・キリストの父である神がほめたたえられますように。神はキリストにあって、天上にあるすべての霊的祝福をもって私たちを祝福してくださいました。すなわち神は、世界の基が据えられる前から、この方にあって私たちを選び、御前に聖なる、傷のない者にしようとされたのです。神は、みこころの良しとするところにしたがって、私たちをイエス・キリストによってご自分の子にしようと、愛をもってあらかじめ定めておられました。それは、神がその愛する方にあって私たちに与えてくださった恵みの栄光が、ほめたたえられるためです。このキリストにあって、私たちはその血による贖い、背きの罪の赦しを受けています。これは神の豊かな恵みによることです。

この恵みを、神はあらゆる知恵と思慮をもって私たちの上にあふれさせ、みこころの奥義を私たちに知らせてくださいました。その奥義とは、キリストにあって神があらかじめお立てになったみむねにしたがい、時が満ちて計画が実行に移され、天にあるものも地にあるものも、一切のものが、キリストにあって、一つに集められることです。またキリストにあって、私たちは御国を受け継ぐ者となりました。すべてをみこころによる計画のままに行う方の目的にしたがい、あらかじめそのように定められていたのです。それは、前からキリストに望みを置いていた私たちが、神の栄光をほめたたえるためです。このキリストにあって、あなたがたもまた、真理のことば、あなたがたの救いの福音を聞いてそれを信じたことにより、約束の聖霊によって証印を押されました。聖霊は私たちが御国を受け継ぐことの保証です。このことは、私たちが贖われて神のものとされ、神の栄光がほめたたえられるためです。」

エペソの教会へ、そして二十一世紀の私たちへの手紙

エペソは、当時の小アジア（現在のトルコ）にあった、エーゲ海に面した町で、商業都市として栄えていました。エペソ人への手紙は、使徒パウロがその町にあるクリスチャン

たちの集い、すなわち教会に向けて書かれたと考えられています。ただ、この手紙をよく読んでいくと、単にエペソの教会だけに向けて書かれたものではないことが想像できます。むしろ、小アジアの地域にある様々な教会を覚えて書かれており、実際に、いくつかの教会の間で回覧されていたと考えられています。それゆえ、コリント人への手紙のように、パウロが状況をよく知っている、ある特定の教会が直面しているある特定の問題を解決するために書かれた手紙というよりもむしろ、数多くの教会に向けて書かれた、より一般的な手紙と考えることができます。ですから、私たちは聖書をいつもそのように読んでいるのですが、このエペソ人への手紙も、二十一世紀の日本に生きる私たちに宛てて書かれたものとして理解することができます。一世紀の小アジアの教会のことを想像しつつ、私たちへの、日本の教会への語りかけを聞くのです。

それでは、パウロはこの手紙で何を語ろうとしているのでしょうか。

神が私たちのためにしてくださったこと

まず皆さんにお聞きしたいことがあります。クリスチャンとしての歩みは、そうでない人たちの歩みとどのように違っているのでしょうか。

いろいろな意見があるでしょう。たとえば、クリスチャンには、愛、十字架、赦し、正しい歩み、交わり、罪からの救い、慈善活動などがある、と言われるかもしれません。確かに、このようなことを覚え、そのように生きているクリスチャンは数多くおられます。しかし、このように歩まなければクリスチャンではない、と考えているとしたら、私たちは大きな誤解をしているのかもしれません。なぜなら、クリスチャンの歩みを、私たちが神のために何かをすることをもって考えているからです。つまり、神のために何かをすること、すなわち、伝道、宣教、愛、慈善活動、良きわざの有無で、その人がクリスチャンであるかどうかを決めてしまうのです。これは明らかに誤解です。数多くのクリスチャンがこの誤解のゆえに苦しんできました。たとえば、ジョン・ウェスレーという、教会の歴史に残る大伝道者も、このような誤解に陥って、長く苦しんだ一人です。

それでは、クリスチャンとしての歩みをどのように理解すればいいのでしょうか。

クリスチャンの歩みは、私たちが神のためにすることに基づくものではなく、神が私たちにしてくださったことに基づくものです。そして、神が私たちのためにしてくださったことに気がつき、それを喜んで受け入れているかどうかで、その人がクリスチャンであるかどうかが決まるのです。

エペソ人への手紙一章の三～六節を読み進めていくと、神が私たちのためにしてくださったことが書かれています。神は何をしてくださったのでしょうか。まず、天地を造られた主イエス・キリストの父なる神は、「私たちを祝福してくださいました」（三節）とあります。「すべての霊的祝福」、つまり、私たちが考えることができ、神が与えることがおできになるあらゆる祝福をもって私たちを祝福してくださったと書かれています。私たちは自分で祝福を生み出すことなどできません。むしろ、あらゆる祝福はすべて神から来るのです。そして、私たちは神の祝福を受けて生きる存在です。

第二に、神は「私たちを選び」とあります（四節）。「世界の基が据えられる前から」、すなわち天地の造られる前から、つまり、私たちが気づく以前から一方的に選んでくださったということです。

選ばれるというのは嬉しいことです。選ばれないという悲しみを経験し続けている者にとって特にそうでしょう。実は、教会に来た、キリストを信じた、洗礼を受けた、クリスチャンとして歩みを始めた、といったこれらすべては、神が選んでくださったからこそ、私たちの上に実現したのです。私たちは、自分自身がキリストを信じることを選んだと考えます。しかし、実はそうではないのです。

三つめに、神は「私たちをイエス・キリストによってご自分の子にしようと、愛をもってあらかじめ定めておられ」た（五節）ということです。神の子となる、すなわちキリストにある神の家族の一員になることは、私たちが自分で決めたことではありません。神があらかじめ定めてくださって、それが実現したのです。私たちに自分の生涯の決定権があるように思うかもしれませんが、実際はそうではありません。神が私たちを神の子とし、神の家族に受け入れてくださったのです。

そして最後に、「それは、神がその愛する方にあって私たちに与えてくださった恵みの栄光が、ほめたたえられるため」（六節）とあります。神をほめたたえ、賛美することも神が与えてくださいました。神の賜物がなければ、私たちは神をほめたたえることはできません。

このように、神が私たちを祝福し、私たちを選び、私たちをご自分の子にしようとあらかじめ定め、神をほめたたえることを私たちに与えてくださいました。ですから、クリスチャンの歩みとは、私たちが神に対して行う何かに基づいてはいません。神が私たちのためにしてくださった、これらのことに基づいています。ここで述べられている、神が私たちのためにしてくださったことをまとめて、「神の恵み」と呼びます。つまり、神の恵みによって、私たちクリスチャンは今日、生きているのです。

キリストにあって一つとするために

神が何かをなさったとき、変化が起こります。そして、神が私たちのために何かをされたのですから、私たちの何かが変わります。

それでは、神の恵みによって、私たちは何を経験するのでしょうか。

神がなさったこと（三～六節）に続く七～九節を見ると、神の恵みによって私たちが経験することが列挙されています。

まず、キリストにある「罪の赦し」を経験します（七節）。罪の赦しは、「神の豊かな恵みによること」、つまり神が私たちのためになしてくださった素晴らしいことによって実現しました。それも、キリストの「血による贖い」、言い換えれば十字架の死によって、私たちの罪が神の前に赦されたのです。

皆さんは、自分にはまだ赦されていない罪がある、とは思っていないでしょうか。神の祝福が自分のところに届くのを遮っている罪があると思っていないでしょうか。もっと頑張らないと神に赦していただけない、と自分にプレッシャーをかけてはいないでしょうか。神は、私たちが罪の赦しを経験して歩むことを願っておられます。そして、そのことを可能とするために、キリストを送ってくださったのです。奇妙なことに、赦してもらうべき人間が、罪の赦しを受け入れようとしない一方で、人間の罪の被害をこうむった神がそれを赦そうとしておられるのです。キリストの十字架によって神がなしてくださった恵みのわざのゆえに、私たちの罪の赦しが現実となっています。そうであるのに、「自分の罪は赦されていない」と言い張るのなら、その原因は、神の恵みを受け入れていない私たちのほうにあります。

次に、さらに恵みが増し加えられ、「あらゆる知恵と思慮」が私たちにあふれます（八節）。「あふれさせ」と訳されている言葉には、「贅沢に使う」という意味があります。

先日、あるケーキ屋さんの宣伝に苺ケーキ特集が含まれていました。そこには、苺が贅沢に使われているケーキの写真が載せられていました。苺が好きな人にとって、苺がふんだんに使われているケーキは魅力的でしょう。目の前にあり、「食べていいよ」と言われたら、喜んでいただくでしょう。神の恵みは、「苺が贅沢に使われているケーキ」どころの騒ぎではありません。神は、私たちにはもったいないぐらいあふれ流れる、贅を尽くした恵みを与えてくださっています。そして、私たちはその恵みを経験することができるのです。そして、知恵と思慮がこの恵みとともに私たちのうちにあふれ流れるのです。

ところが、多くの人がクリスチャンとしての歩みに何か足らないと思っています。クリスチャンとなっているのに、何か満たされないものがある、と思っているのです。しかし、私たちが欠乏を感じているのは、神が恵みを惜しんで私たちに下さらないからではありません。贅を尽くした恵み、知恵と思慮を与えると語り、それを私たちに差し出してくださっているのに、私たちがそれを受け取っていないからです。「十億円あげるよ」と言われているのに、「五千円でいいです」と言って遠慮しているようなものです。神がけちな方なのではなく、私たちが神の恵みの前に遠慮しすぎているのです。そして、その遠慮こそ、私たちの傲慢の表れです。

三つめに、私たちは「みこころの奥義」を知らせていただきました（九節）。

神は、私たちが神のみこころを知らないで歩むことを願ってはおられません。むしろ、私たちがそれを知ることを願って、みこころを福音によって知らせてくださっています。ところが、神のみこころを知らないといって私たちが呟いているのだとしたら、それは、神の恵みの場合と同様に、私たちが神のみこころを知ろうとしないからです。

このように、恵みのわざをなしておられる神は、その恵みのわざの結果、私たちが赦され、恵みにあふれ、神のみこころを知るようになることを願っておられます。これらすべてを神は備え、これらすべてが私たちのものとなることを願っておられるのです。しかし、このことが現実となっていないとしたら、神のほうに問題があるのではありません。神の恵みのわざに基づく素晴らしい経験を受け入れようとしない私たちのうちに問題があるのです。

それでは、なぜ神はそこまでのことをなさるのでしょうか。どうして一方的に神の恵みのわざをなし、一方的に私たちに良い変化を与えようとしておられるのでしょうか。与えたいから神は与えるのでしょうか。そうではありません。神が恵みのわざを行い、私たちに素晴らしい変化を与えてくださっているのは、神がある目標を実現しようと計画しておられるからなのです。

では、その目標とは何でしょうか。

それは、「天にあるものも地にあるものも、一切のものが、キリストにあって、一つに集められることです」（一〇節）。ケズィック聖会でよく語られるみことばです。しかしこのみことばの意味は、単に、クリスチャンがみなキリストにあって一つになるということにとどまるものではありません。人と人が結び合わされて一つになることも、ここには含まれていますが、もっと大切なことは、神が造ったすべてのものが一つとなることです。そして、神はこのことを目指しておられるのです。

逆に言えば、今はまだ神が造ったすべてのものが一つになってはいません。あらゆるものがばらばらです。だからこそ神は、人も、地の獣も、空の鳥も、海の魚も、植物も、大地も、海も、月も、星も、太陽も、考えられるあらゆるものが一つになることを願って、まず私たち人間のために数多くの恵みのわざを成し遂げてくださったのです。大きなスケールの目標を目指して、神は恵みのわざをなし、私たちの上に働きかけ、私たちを造り変え、ご自身が立てた目標に向かって進もうとしておられるのです。

これほどスケールの大きい神のご計画があるにもかかわらず、私たちはそうした神のみこころが実現することを願っているでしょうか。小さなこと、細かいことも大切です。しかし、スケールの大きい神のご計画を見ることなしに、小さなことばかりにこだわって、主のみわざをとどめてしまっているのかもしれません。

教会には様々な人々が集められています。「あの人と一緒なら……嫌だ」と思ってしまうことがあるかもしれません。意外に、身近な人に対してそのように感じることがあるかもしれません。そう感じるのは、それぞれの人にそれなりの問題があるからだと想像します。しかし、神はあふれるばかりの恵みを私たちに与えて、何よりもまず、私たちを一つにしようとしておられます。それだけではありません。私たちが一つとなることを通して、さらには世界のすべての造られたものが一つになることを実現しようと願っておられます。それにもかかわらず、私たちはその神の素晴らしいみこころを拒絶しているのです。「あの人と一緒なら……嫌だ」と考えることによって。

もちろん、小さな人間関係を整えて、一つになっていくことは簡単ではありません。あの人がいなければ、あれがなければ、もっと楽に生きられる、そのような思いに至るのは、無理のないことです。しかし、神が目標としておられることと私たちの直感、感覚がずれてはいないでしょうか。もしそうであるとすれば、私たちは考え直さなければなりません。それは、「一切のものが、キリストにあって、一つに集められる」ために、神が素晴らしいことを私たちのためにしてくださったからです。無駄遣いと思えるような神の働きを覚えるならば、私たちの歩みもおのずと変わってくるのではないでしょうか。私たちも惜しみなく与え、小さな人間関係にも全力を尽くして取り組むようになるのではないでしょうか。

神の栄光をほめたたえるために

神が私たちのために素晴らしいことを数多くなしてくださったこと、さらに、そのような恵みのわざによって神が私たちを変えてくださることを見てきました。すべてのものをキリストにあって一つにするために、神はここまで無駄遣いをしておられるのです。

それでは、なぜ、神はそこまで恵みを私たちに注ぎ続けてくださっているのでしょうか。

キリストにあって一つにされたすべての造られたものが、神の恵みとその栄光を心からほめたたえるためです。この全世界のあらゆるところで、あらゆるものが、神の恵みの素晴らしさをほめたたえるためです。それゆえ、エペソ人への手紙一章三〜一四節には、「神の栄光をほめたたえるため」という表現が繰り返されているのです。

「それは、神がその愛する方にあって私たちに与えてくださった恵みの栄光が、ほめたたえられるためです」（六節）。

「それは、前からキリストに望みを置いていた私たちが、神の栄光をほめたたえるためです」（一二節）。

「このことは、私たちが贖われて神のものとされ、神の栄光がほめたたえられるためです」（一四節）。

もちろん、現実の世界を見るとき、現実の教会を見るとき、現実のクリスチャンを見るとき、世界が、教会が、クリスチャンが神の栄光をほめたたえているかというと、そうではありません。それでもなお神は私たちのために様々なことをなし、恵みを私たちの上にあふれさせ、贅を尽くすほどの恵みを私たちに与え続けてくださっているのです。

この恵みを知れば知るほど、神のわざに心を留めるようになるのではないでしょうか。神の栄光をほめたたえる者となりたくなるのではないでしょうか。もちろん、自分の力によって神の栄光をほめたたえることはできません。しかし、あふれる恵みのゆえに、神は私たちを変えて、神の栄光をほめたたえる者にしてくださいます。だからこそ、神の恵みを覚えて、それを信じることが私たちに求められているのです。

恵みへの応答

エペソ人への手紙一章一〜一四節を読むとき、聖書のある大切な特徴に気づきます。聖書は、神のために何かをした人たちの記録ではありません。そこには、神が人のために何をされたかが記録されています。そして、私たちクリスチャンの生涯もまた、私たちが神のためにしたことの記録ではなく、神が私たちのためにしてくださったことの記録です。神のなしてくださったこと、つまり神の恵みとそのわざこそ、クリスチャンの歩みのすべてなのです。

ですから、最初の問いかけに戻ってみましょう。クリスチャンとしての歩みは、そうでない人たちの歩みとどのように違っているのでしょうか。クリスチャンの歩みとそうでない人の歩みを区別する最も重要な点は、神の恵みとそのわざです。すべてのものがキリストにあって一つとされるために、神がなしてくださり、今もなしてくださっている神のわざなのです。

だとしたら、私たちはこの神の恵みによって変えていただくよう、自らを神の前に差し出すように招かれていることに気づこうではありませんか。神は、ご自分の恵みを喜んで受け入れる私たちに、いつも応えてくださいます。そして、神の栄光を現すことができる者へと私たちを変えてくださるのです。

2　神の力によって

〈エペソ一・一五～二・一〇〉

「こういうわけで私も、主イエスに対するあなたがたの信仰と、すべての聖徒に対する愛を聞いているので、祈るときには、あなたがたのことを思い、絶えず感謝しています。どうか、私たちの主イエス・キリストの神、栄光の父が、神を知るための知恵と啓示の御霊を、あなたがたに与えてくださいますように。また、あなたがたの心の目がはっきり見えるようになって、神の召しにより与えられる望みがどのようなものか、聖徒たちが受け継ぐものがどれほど栄光に富んだものか、また、神の大能の力の働きによって私たち信じる者に働く神のすぐれた力が、どれほど偉大なものであるかを、知ることができますように。この大能の力を神はキリストのうちに働かせて、キリストを死者の中からよみがえらせ、天上でご自分の右の座に着かせて、すべての支配、権威、権力、主権の上に、また、今の世だけでなく、次に来る世においても、となえられるすべての名の上に置かれました。また、神はすべてのものをキリストの足の下に従わせ、キリストを、すべてのものの上に立つかしらとして教会に与えられました。教会はキリストのからだであり、すべてのものをすべてのもので満たす方が満ちておられるところです。

さて、あなたがたは自分の背きと罪の中に死んでいた者であり、かつては、それらの罪の中にあってこの世の流れに従い、空中の権威を持つ支配者、すなわち、不従順の子らの中に今も働いている霊に従って歩んでいました。私たちもみな、不従順の子らの中にあって、かつては自分の肉の欲のままに生き、肉と心の望むことを行い、ほかの人たちと同じように、生まれながら御怒りを受けるべき子らでした。しかし、あわれみ豊かな神は、私たちを愛してくださったその大きな愛のゆえに、背きの中に死んでいた私たちを、キリストとともに生かしてくださいました。あなたがたが救われたのは恵みによるのです。神はまた、キリスト・イエスにあって、私たちをともによみがえらせ、ともに天上に座らせてくださいました。それは、キリスト・イエスにあって私たちに与えられた慈愛によって、この限りなく豊かな恵みを、来たるべき世々に示すためでした。この恵みのゆえに、あなたがたは信仰によって救われたのです。それはあなたがたから出たことではなく、神の賜物です。行いによるのではありません。だれも誇ることのないためです。実に、私たちは神の作品であって、良い行いをするためにキリスト・イエスにあって造られたのです。神は、私たちが良い行いに歩むように、その良い行いをあらかじめ備えてくださいました。」

良きわざと神の恵み

皆さんは、様々な願いをもって教会にお越しになっているでしょう。心の安らぎであったり、罪責感からの解放であったり、正しく生きることであったり、人によってその願いは異なります。とはいえ、「正しく生きたい、良い行いをしたい」という願いをもっていない人はおられないのではないか、と思います。「クリスチャンになれば、正しく生きることができる。良い行いをすることができる」と信じて、教会に来て、礼拝に集われるのです。確かに聖書にも、クリスチャンになれば正しく生きることができる、と書かれていますから、間違った願いではありません。今日読んでいただいたエペソ人への手紙二章一〇節にも、「私たちは……良い行いをするために……造られた」とあります。

ところが、教会に来て、礼拝に出席し、洗礼を受けて、クリスチャンとしての歩みを始め、他のクリスチャンと関わりをもっていくなかで、次第に気づくことがあります。それは、それほど自分は変わっていないということです。「良い行いをしたい」と思ってクリスチャンになったけれども、今の自分は前とほとんど変わっていない。「良い行いをする良い人」という理想と、それができない自分というギャップに気がつくのです。さらに困ったことに、自分だけでなく、教会に集っている他のクリスチャンも「良い行い」に歩んでいないことに気がつきます。そして、「あの人は長くクリスチャンをしているのに、全然ちゃんと生きていない」とつぶやきたくなるのです。このような理想と現実のギャップに苦しむクリスチャンの方は多く、最後には、「もう教会へ行くのをやめる」と、突然、礼拝に来なくなったりします。

「私たちは良いわざをするように造られている」、ところがそれを行えないでいる。数多くのクリスチャンが理想と現実のギャップで悩み続けています。もちろん、中には「あれは理想、現実は現実」と開き直って、平気でいる人もいるでしょうし、礼拝にさえ行っていれば大丈夫だ、と思っているクリスチャンもたくさんいます。皮肉なことに、真剣に求める人ほど理想と現実のギャップで苦しみ、最後は教会から離れていくのです。

この「理想と現実のギャップ」は埋められるものなのでしょうか。「これをすれば、一瞬で皆が良い行いをする」というような即効薬はもちろんありません。しかし、私たちが「良い行いに生きる」ことに失望せず、かつ現実的に良い行いに生きることができるようにするものはないのでしょうか。

ありますす。それが「神の恵み」です。実は、神の恵みがわかったとき、現実的な目で

「良い行いに生きる」ことをとらえることができるようになりますし、自らがそれに生きることができるようになるのです。

「良い行い」と「自分の努力」なら結びつきそうですが、「良い行い」と「神の恵み」は結びつきにくく感じている方がおられるかもしれません。しかし、「良い行い」と「神の恵み」は切っても切れない関係にあります。今日は「神の恵み」と「良い行い」の結びつきについて、エペソ人への手紙一章一五節〜二章一〇節から考えていきましょう。

心の目が開かれて見るべきもの——神の大能の力

神のなさる素晴らしいわざについて手紙の序の部分（一・三〜一四）で語ったパウロは、いよいよこの手紙の本論を一五節から始めます。

本論は祈りから始められています。パウロはエペソの教会の人々の信仰と愛を聞き、その結果、祈らずにはいられなかったからです。彼からあふれ出てきたのは、神への感謝の祈りでした。ですから、「祈るときには、あなたがたのことを思い、絶えず感謝しています」（一六節）と、祈りを始めているのです。

一章一七〜一九節で、パウロは感謝の祈りをささげます。感謝から始めたパウロの祈りは、エペソの教会のための様々な願いへと進んでいきます。神が「神を知るための知恵と啓示の御霊を、あなたがたに与えてくださいますように」（一七節）と、願うのです。そして、知恵と啓示の御霊が与えられた結果、「あなたがたの心の目がはっきりと見えるようになる」（一八節）と祈るのです。

なぜパウロは、神が御霊をエペソの教会の人々に与え、その結果、彼らの心の目が開かれることを願っているのでしょうか。それは、今までエペソの教会の人々が気づいていなかった何かに気づいてほしかったからです。それも、神についてこれまで彼らが気づかずにいたことに気づいてほしかったのです。

それでは、何に気づいてほしいとパウロは願っているのでしょうか。

一章一八～一九節には、パウロがぜひ気づいてほしいと願った三つのことが書かれています。それは、

1　「神の召しにより与えられる望みがどのようなものか」

2　「聖徒たちが受け継ぐものがどれほど栄光に富んだものか」

3　「神の大能の力の働きによって私たち信じる者に働く神のすぐれた力が、どれほど偉大なものであるか」

の三つです。

ただし、パウロは、最初の二つ、望みと受け継ぐものに関して詳しくは述べていません。むしろ、三つめの神の大能の力の働きについて、二〇節以下で詳しく語っています。つまり、パウロは何よりもこの神の力に気づいてほしかったのです。

ちなみに、一九節、「神の大能の力の働きによって私たち信じる者に働く神のすぐれた力が、どれほど偉大なものであるか」は、原語を直訳すると「神の力強い（1）力（2）の働き（3）による、私たち信じる者のための神の力（4）の絶大さ（5）」となります。この一節の中に、「力」に関わる言葉が五つ続けて並べられています。関西弁訳だと、「めちゃめちゃすごい、ほんまにびっくりする、いままできいたことなんかない、たとえることなんかできひん神の力」となるのでしょうか。そして、このように「力」に関わる言葉を繰り返し用いることによって、神を信じ、信頼して生きている者に働いている神の力が、想像をはるかに超えるほど絶大であることに気づいてほしいと願っているのです。

一九節の神の力に関する表現を見るとき、私たちは少し立ち止まって考える必要があります。パウロがここまでして表現しようとしている神の力を実感し、信じているでしょうか。それとも、神の力はほんの些細なものでしかないと誤解しているでしょうか。

キリストに働いた神の力

「神の力は偉大なのだ」と言われたところで、どうもわかりづらいかもしれません。なぜならば、力は見た目だけで判断ができないものだからです。

それでは、力の偉大さはどうすればわかるのでしょうか。力の偉大さは、具体的に何かが起こったときに初めてわかります。東日本大震災による津波の大きさを見たとき、地震の力がどれほど大きなものであるかに気づいたことでしょう。また、飛行機の大きさを見たとき、これを飛ばすことができるエンジンの力を知るでしょう。

パウロはこの神の力の偉大さを、具体的に私たちに示しています。

神の力はどこに現れたのでしょうか。それは、キリストのご生涯そのものに現れています。「この大能の力を神はキリストのうちに働かせて」（二〇節）とあります。キリストに起こった出来事を見れば、神の力の大きさがわかるのです。

神の大能の力の現れとして、パウロはキリストに起こった二つの出来事を挙げています。まず、神がキリストを死者の中からよみがえらせたこと、次に、神がキリストを天上においてご自分の右の座に着かせたことです。なぜこの二つが挙げられているのでしょうか。

まず、復活を見てみましょう。死んでいた者が肉体をもってよみがえらされた、これが復活です。そして、これは普通では決して起こらないことです。現代人のみならず、古代の人々も、死者の復活などありえないとわかっています。しかし、それが現実に起こったのです。神はキリストを死者の中からよみがえらされたのです。人間の想定の範囲をはるかに超え、だれも信じることのできない復活を現実としたところに神の力の偉大さが現れている、とパウロは語っています。

もう一つが、天上での王としての即位です。なぜこれが神の力の現れであると言っているのでしょうか。それはこのことによって、キリストが「すべての支配、権威、権力、主権の上に……すべての名の上に置かれ」(二一節)、さらに、「神はすべてのものをキリストの足の下に従わせ」た(二二節)からです。

聖書は、この世界では様々な力が競い合っていると理解しています。そして、力のある者が、その力のゆえにこの世界を支配しているのです。様々な権力者がいたでしょう。しかし世界で競い合っているのは、目に見える力だけではありません。目に見えない力もこの世界に働いています。しかし神はキリストに、あらゆる力にまさる力をお与えになりました。「すべての支配、権威、権力、主権」を支配できる力をキリストにお与えになったことから、その力の源である神の力の偉大さがわかるのです。「すべての支配、権威、権力、主権の上に」キリストが置かれている、ということは、この世界にはキリストにまさる力は一つもないということです。死の力も、よみの力も、悪魔の力も、自然の力も、人の力も、何一つ、天上で王として治めておられるキリストの力にまさってはいないのです。私たちの目の前の現実がどのようなものであれ、キリストの力はあらゆる力にまさるものなのです。

こうして、パウロは私たち読者の目を神の力とその現れであるキリストの復活と昇天に向かわせます。今、キリストは確かに死からよみがえらされ、天において父なる神の右に座して、この世界に存在するあらゆる権威にはるかにまさる力をもって統べ治めておられる、と私たちに思い起こさせます。そして、キリストの復活と天における即位と統治こそが、神の力が絶大であることの証拠であると語るのです。

このように、聖書は私たちに「神の大能の力を見なさい」と語っています。キリストの復活と昇天に鮮やかに現れている神の大能の力を見なさい、と。そして、キリストに現された神の力を知れば、神の力の偉大さに気づくはずだ、と私たちを招いています。はたして、私たちはその力に目を向けているでしょうか。

キリストに結びつくことによって私たちに働く神の力

神の力の偉大さはキリストの上になされた神のわざからわかるでしょう。しかし本当に私たちが知りたいのは、神のこの偉大な力が私たちとどのように関わっているかということです。

パウロも、ただ単にキリストの上に注がれた神の大能の力を述べようとは思っていません。なぜならば、一章一九節に「私たち信じる者に働く神のすぐれた力」と書いているからです。

それでは、キリストに働くこの神の大能の力は私たちにも働くのでしょうか。確かに神の大能の力は私たちにも働いています。キリストを通して私たちに注がれるのです。二章四〜六節で、「キリストとともに」という言葉が繰り返されていることにお気づきでしょう。「背きの中に死んでいた私たちを、キリストとともに生かしてくださいました」(五節)。「(キリストと)ともによみがえらせ」(六節)。「(キリストと)ともに天上に座らせてくださいました」(同節)。キリストとともに生かし、キリストとともによみがえらせ、キリストとともに天上に座らせてくださった、とあります。キリストに働いた神の偉大な力は、キリストとともにある私たちにも働いているのです。

つまり、神の大能の力によってキリストはよみがえらされ、天上に座りました。しかしこれは、キリストだけに起こったことではないのです。キリストとともにある私たちの上にもこのことが起こっているのです。ですから、キリストの復活とともに神は私たちを罪の中からよみがえらせ、キリストの昇天とともに神は私たちを天上に座らせてくださったのです。

キリストの復活と昇天は、二千年前に確かに起こった素晴らしい神のわざです。しかし、それは過去に起こった出来事にとどまりません。キリストの復活は、背きの中に死んでいた私たちがキリストとともに復活させられた出来事です。そして、キリストの昇天は、空中の権威をもつ支配者であるサタンの支配に従っていた私たちが、これらの権威の上に置かれたという出来事です。キリストの復活は、「死んでいた私たちを、キリストとともに生かして」（五節）くださった、素晴らしい神のわざです。そして、キリストとともにあるからこそ、あらゆる権威から私たちは解放されたのです。私たちはキリストとともに天上に座らせていただいているのです。

キリストとともに復活し、天上に座らせていただくことによって私たちが生かされ、解放されたことを、聖書は〝ただ恵みによる救い〟（五節）と呼んでいます。私たちのうちにある力ではなく、神の大能の力が一方的にキリストとともにある私たちに注がれることによって行われたからこそ、それは「神の恵み」に基づく神のわざなのです。神の恵みは、神の力としてキリストを通して私たちに注がれているのです。

神の力がキリストを通して私たちに注がれ、罪に死んでいた者がキリストとともによみがえらされ、キリストとともに天の王座に着かせていただきました。それでは、このことと、私たちが「良いわざに生きる」こととはどんな関係があるのでしょうか。

キリストとともに神の力によってよみがえらされ、天の王座に着けていただいたことには、二つの意義があります。

まず、「自分の背きと罪の中に死んでいた者」、「不従順の子らの中にあって、かつては自分の肉の欲のままに生き、肉と心の望むことを行い、ほかの人たちと同じように、生まれながら御怒りを受けるべき子ら」（一～三節）が、そこからよみがえらされることを表しています。

「自分の背きと罪の中に死んでいた」とは、罪を犯すことしかできない、神に背くことしかできない状況を表しています。神に従わず、不従順に歩み、自分の欲の望むままに生きていたということです。そのような歩みしか選べなかったのです。罪の奴隷です。そんな私たちは神の目から見るならば、死んでいるに等しいのです。さらに、その歩みを通して、周りの人を死に導くような悪をまき散らしていました。神を恐れない、自己中心な者だったでしょう。その私たちがよみがえらされることによって、死の支配から自由にされ、いのちある、新しい生き方を選ぶことができるようになるのです。新しく造られるのです。もう一つの意義は、罪に打ち勝つ力をもつようになるということです。

「キリストとともに天上に座る」とは、キリストとともに「すべての支配、権威、権力、主権の上」に置かれるという意味です。つまり、それらのものに支配される者ではなく、支配する者となるのです。私たちが神に従えず、良い生き方ができなかったのは、私たちが罪の力、自分の欲の力、悪の力の支配下にあったからです。しかし、キリストとともに天上に座らせていただいたからには、それらから解放され、それらを支配し、それらに打ち勝つことができるようにされたのです。主とともに支配するのです。

このように、神はキリストをよみがえらせ、天上の座に着かせることによって、私たち人間が神に従うわざ、良いわざに生きることができるようにしてくださいました。私たちを良いわざに生きることができるように造り変えるために、神はその大能の力をキリストに注がれたのです。

ですから、私たちは「キリスト・イエスにある」ならば、キリストに信頼して生きているならば、キリストとともにあるならば、新しい生き方を選び取ることができるようになりました。自分の力でそのようになったのではありません。神の大能の力、神の賜物によってこのことが可能となったのです。「それはあなたがたから出たことではなく、神の賜物です」（八節）とあるとおりです。

それゆえ、私たちはどれだけ「良い生き方」をしても、決して誇ることはできません。それは、自分のうちに何か良いものがあるから「良い生き方」を選ぶことができるようになったのではなく、神の大能の力によってそのことが可能になったからです。

良い行いに生きる

「私たちが良い行いに生きるためにはどうしたらよいのだろうか」という質問から今日の説教を始めました。そしてその答えは、キリストのうちに神が働かせた「神の大能の力」によって、私たちは良い行いに生きることが可能となる、ということです。ですから、「クリスチャンになったのに、私の生き方は変わっていない」と嘆き、あきらめている方がいるとしたら、いくつかのことを確認していただきたいと思います。

まず、あなたは神の大能の力によって良いわざに生きておられるでしょうか。自分の力で何とかしなければならない、と自分のことばかりを見てはいないでしょうか。

　次に、あなたはキリストとともにありますか。キリストに信頼していますか。キリストにゆだねていますか。このような信仰を恵みによっていただいていますか。キリストとの結びつきの強さが、キリストへの信頼の深さが、私たちの歩みを変えていきます。「良い行いをして日々を過ごす」ことができる者への成長はここから始まるのです。

「良いわざに生きたい。しかしそれができない」というジレンマに、理想と現実のギャップに苦しんでいる方は、ぜひ気づいてください。罪に打ち勝つ力、良いわざをする力は私たちの内にはないのです。キリストを通して私たちに与えられる神の大能の力、あふれるばかりに注がれる神のこの力によってのみ、私たちは良い生き方をすることができます。だからこそ、「救われたのは恵みによる」（五節）のです。このような神の恵みがあることに気がついたとき、私たちの歩みは変わり始めるのです。

3　神の家族とされる

〈エペソ二・一一～二二〉

「ですから、思い出してください。あなたがたはかつて、肉においては異邦人でした。人の手で肉に施された、いわゆる『割礼』を持つ人々からは、無割礼の者と呼ばれ、そのころは、キリストから遠く離れ、イスラエルの民から除外され、約束の契約については他国人で、この世にあって望みもなく、神もない者たちでした。しかし、かつては遠く離れていたあなたがたも、今ではキリスト・イエスにあって、キリストの血によって近い者となりました。実に、キリストこそ私たちの平和です。キリストは私たち二つのものを一つにし、ご自分の肉において、隔ての壁である敵意を打ち壊し、様々な規定から成る戒めの律法を廃棄されました。こうしてキリストは、この二つをご自分において新しい一人の人に造り上げて平和を実現し、二つのものを一つのからだとして、十字架によって神と和解させ、敵意を十字架によって滅ぼされました。また、キリストは来て、遠くにいたあなたがたに平和を、また近くにいた人々にも平和を、福音として伝えられました。このキリストを通して、私たち二つのものが、一つの御霊によって御父に近づくことができるのです。こういうわけで、あなたがたは、もはや他国人でも寄留者でもなく、聖徒たちと同じ国の民であり、神の家族なのです。使徒たちや預言者たちという土台の上に建てられていて、キリスト・イエスご自身がその要の石です。このキリストにあって、建物の全体が組み合わされて成長し、主にある聖なる宮となります。このキリストにあって、あなたがたも、ともに築き上げられ、御霊によって神の御住まいとなるのです。」

教会は「神の家族」である

教会とはどのようなところなのでしょうか。単なる「組織」でしょうか。ボランティアの集まりでしょうか。入りたくなれば入り、やめたくなったらやめるファンクラブやレンタルビデオ屋さんみたいなところでしょうか。

人によって、いろいろな理解があるでしょう。けれども、聖書に見いだされる様々な教会についての表現の中で、最も中心的なものの一つは、「神の家族」です。

なるほど教会では、お互いを「○○兄」や「△△姉」などと呼びます。「兄」や「姉」

は単なる呼称ではなく、お互いが兄弟姉妹であると考えていることの現れです。もちろん、血縁関係があるわけではありません。しかし、教会は、そこに集められているお互いが家族であると考えているのです。けれども、教会に集められている私たちは、集められる前から「神の家族」であったわけではありません。かつてはお互いに何の関係もない者であったのに、あることがきっかけで「神の家族」に加えられ、そして今「神の家族」として生きるようになっているのです。

遠く離れていた者——神の家族となる前

さて、「神の家族」はもともと、旧約聖書に登場する概念です。その始まりは創世記に登場するアブラハムにあり、彼の子孫であるイスラエルの民が、神に選ばれ、神の家族となったのです。この家族には、神の祝福を世界の民へと広げるという使命が与えられていました。また、この神の家族のしるしは「割礼」でした。もちろん、男性しか割礼を受けることはできませんが、割礼を受けている男性に関わるもの皆が「神の家族」の一員であり、神から特別な使命にふさわしい祝福をいただいていると考えられていました。

ところが、エペソの人々に代表される、イスラエルの民でない者たちはどうなのでしょうか。私たち、日本に住む者もそうです。イスラエルの民ではなく、割礼を受けていない私たちは、当然「神の家族」ではありませんでした。かえって、「異邦人」「他国人」「無割礼の人々」とイスラエルの民から呼ばれていました（一一～一二節）。「あなたがたはわれわれ神の家族とはいっさい関係のない者だ」と言われていたのです。「神の家族」に加えられていたら、その家族が受けるべき特権を受けていたでしょう。けれども、異邦人である私たちはイスラエルの民からすれば赤の他人であり、イスラエルが特別にいただいていた祝福とは全く縁もゆかりもない者でした。

「神の家族ではない」というのは、この世界にあっては「孤児」であるということです。神の家族と無関係なのですから。そして、使命も祝福もいただいていないのですから、私たちは「この世にあって望みもなく、神もない者たち」（一二節）です。

私たち異邦人が孤児であり、神と関わりのない者であることは、当時のエルサレムの神殿の構造を見ると、よくわかります。神殿は、その一番奥にある聖所を中心とした幾重もの庭に囲まれていました。そして、聖所にどこまで近づけるかは、その人の立場によって異なっていました。イスラエルの民、すなわち、ユダヤ人の男性は聖所の一番奥まで近づくことができ、そしてユダヤ人の女性はその次です。そして異邦人はその外側の庭までしか入ることができませんでした。

神殿の姿は、神と人との交わりを象徴しています。ユダヤ人たち、特にその男性はこの全世界の造り主との深い交わりの中にあり、約束と祝福を受け継ぐことができます。ところが異邦人は神との交わりからは遠く離れているのです。ですから、神の祝福とはほとんど関わりのない存在でした。

希望と祝福はこの世界の創造者である神から来る、と聖書は伝えます。それゆえ、「神の家族」でなく、神から遠く離れている私たち異邦人は、祝福も希望も約束もない存在です。そして、祝福や希望のあるほうへ行こうと思っても、そこに越えることのできない壁が存在するのです。私たち異邦人にできることといえば、いわば、壁の外側から中をのぞくことだけだったのです。

さらに、「神の家族」の一員ではない私たちは「孤児」でした。だれとも繋がりがなく生きていたのです。当然、神との結びつきもありません。

エペソ人への手紙に描かれている私たち異邦人の姿は実に悲しいものです。なぜならば、「神の家族」とは縁がなく、そのために、天地を造られた神とも縁がなく、その神からの祝福とも縁がない存在だからです。つまり、私たち異邦人は「孤独」な存在であり、孤独の深い淵の中でどのようにしたらいいのか、わからないで叫んでいる存在でした。「神なく望みなく、さまよいしわれ」（新聖歌三五八）が私たちの現実だったのです。

十字架による平和

ところが、この状態が大きく変わりました。異邦人が神の家族に加えられる道が、キリストの十字架によって開かれたのです。かつては遠く離れていた者、つまり私たち異邦人が「近い者」（一三節）とされました。ここでいう「近い」とは、すぐそば、すぐ隣、という意味です。もはや、遠く離れて、無関係な存在というのではなく、すぐ近くにいる仲間、家族の一員になったということです。希望も祝福も何もない「孤児」「寄留者」「異邦人」ではなくなったのです。

まず人と人の距離が近くなりました。律法によれば、イスラエルの民は異邦人から離れていなければなりませんでした。神殿には幾重にも壁があり、異邦人は聖所に近づけず、遠くにいることが宿命づけられていましたから、イスラエルの民のいるところにも近づくことができませんでした。ところが、十字架が異邦人とイスラエルの民の間を遮る「隔ての壁」を取り払い、お互いが並んで立つことができるようになったのです。

エペソ人への手紙で語られている「隔ての壁」とは、イスラエルの民と異邦人の間に存在する壁、敵意です（一四節）。律法に関する様々な規定によれば、異邦人は「汚れた民」

です。汚れているとみなされている異邦人に触れることによって、イスラエルの民は聖なる神に近づけなくなるからです。このような異邦人理解から、異邦人に対する「敵意」という壁がイスラエルの民に間に生まれたのです。

ところが、キリストの十字架は、そんな「敵意」という「隔ての壁」を打ち砕いたのです。ユダヤ人のみならず異邦人も、全世界の創造者の恵みを受け取ることができるようになったからです。キリストのゆえに、神は異邦人を「汚れた民」とはみなさなくなりました。ですから、今までは仲間はずれにされていた者も、神の家族に加えられるようになったのです。このようにして十字架は、異邦人とイスラエルの民が共に歩むことを阻んでいたあらゆる壁を取り払いました。「敵意」はもう消えてしまったのです。そして、「平和」がお互いの間に生み出されました。

十字架によって「敵意」が打ち砕かれたからこそ、「新しい人」が誕生しました。「人」と聞くと、「個人」を思い浮かべますが、ここでは「民」を意味します。つまり、「新しい民」の誕生です。かつては憎しみによって分断されていましたが、今や平和によって結ばれた新しい民が誕生したのです。異邦人とイスラエルの民が平和によって結ばれました。それが教会です。ですから、十字架によって生み出された教会は、同じような人たちの集っているところではありません。お互いに異なる者たちが集められ、一つの神の家族とされているところなのです。

私たちは、仲違いしている人たち、憎み合っている人たちとは永久に和解できないのではないか、と思うことがあります。けれども、十字架には、そのことを可能にする力があります。神は、私たちが仲違いしたままでいることを望んでおられないのです。だからこそ、十字架によって、敵意によってお互いに遠く離されている私たちの間に「平和」を生み出してくださったのです。

エペソ人への手紙においては、紀元一世紀に生きたユダヤ人パウロにとって最も重大で、意味がある異邦人とイスラエルの民の分断について語られています。しかし、十字架による分断の癒しは、あらゆる人々の間で実現するものです。その広がりを、私たちは現代の教会の中にも見いだすことができます。

キリストの十字架によってもたらされた「人と人との平和」について語ってきました。敵対し合っている民が一つにされ、人々の間の隔ての壁が取り去られ、平和が生み出されることは素晴らしいことです。しかし、十字架が生み出す平和は何よりも「人と神との平和」です。人が神と自由に交わりをもつために、十字架があるのです。十字架は「神との和解」を生み出しました（一六節）。

実際のところ、神に近づき、神と交わりをもち、神を知って生きることは簡単ではありませんでした。神の家族とされているイスラエルの民でさえ、神に近づく（たとえば神殿に行く）ためには十分な備えが必要でした。律法をはじめとする多くの規定に従い、自らが汚れることのないように注意深く行動を制御する必要がありました。さらに、聖所の奥にある神の臨在の場所にまで近づくことは、大祭司にしか許されていませんでした。イスラエルの民にとっても「神との和解」は決して簡単なものではありませんでした。

けれどもキリストの十字架は、人と神との和解を実現しました。キリストの十字架によって今、ここで、イスラエルの民も異邦人も神に近づくことができます。神に近づいても、神の怒りを買い、滅ぼされることはもうありません。だれでも、遠慮することもなく神に近づけるのです。イスラエルの民であろうと、なかろうと、全く関係ありません。神なく、希望なく生きていた異邦人であっても、神に近づくことができます。そして、神の祝福にあずかることができるようになるのです。

そして忘れてはならないのは、十字架によって生み出された神との和解があるからこそ、敵意によって隔てられていた人と人の間に和解が生み出されたことです。ひとりの神の前に全く同じように立つことができる者たちの間に、どうして隔てがあるでしょうか。

このようにしてキリストの十字架は、私たちの罪の身代わりにとどまりません。人と人を和解させ、神と人を和解させる、平和の十字架なのです。

ここで心に留めておきたいのは、平和を生み出すためにキリストが十字架にかかられたということです。引き裂かれ、敵意にあふれ、孤独になっていた私たちがもう一度共に歩めるようになるために、キリストご自身が十字架にかかってくださったのです。裂かれた者がもう一度元に戻るために、キリストのからだが裂かれました。敵意の対象でしかなかった者に平和が与えられるために、キリストは敵意を自らの身に受けられました。孤独な者を神の家族に導き入れるために、キリストは全く孤独になられたのです。さらに、人と神との引き裂かれた関係に和解を生み出すために、キリストご自身が引き裂かれてくださいました。このように、人と人の和解、そして神と人の和解は神の一方的な恵みです。人間が何かをしたのではなく、キリストが十字架にかかってくださったからこそ、これらのことはすべて実現したのです。

神の家族

神はキリストを送り、キリストは十字架にかかってくださいました。このようにして、神が一方的に十字架のわざをなしてくださったのです。この神の恵みのわざのゆえに、私たちはもはや異邦人でも、除外された者でも、他国人でもありません。敵意という隔ての壁に囲まれている者ではなく、神との敵意に生きている者でもありません。寄留者でも敵でも孤児でもありません。神の家族です。

神が備えてくださった平和、キリストの十字架によってもたらされた平和によって、私たちは「神の家族」に加えられました。神の祝福と約束と希望を受ける国の民、神が立ててくださった「約束の契約」（一二節）の中に入れられました。

「神の家族とされた」お互いは兄弟姉妹です。それとともに、「御父に近づくことができる」者（一八節）、世界の創造者である神を「父」とする家族です。もはや「孤独」ではありません。私たちには新しい父がおり、新しい兄弟姉妹がいます。敵意と争いで分断している家族ではなく、愛と配慮に満ちた家族に加えられています。

そして、私たちはいまや「神なき民」ではありません。神がなく、希望も祝福もない民ではありません。いつも神を「父」と呼ぶことができる、神と近い存在です。敵意によって分断されている民ではありません。お互いの間に、そして神との間に敵意という壁はありません。そこには「平和」があるのです。

今、私たちは「神の家族」とされました。しかし、一度家族になったら、その後はもう成長などしない、というわけではありません。家族になっても、最初からすべてがうまくいくわけでもありません。問題は必ず起こってきます。むしろ、取り組むべきことが山ほどあることに気がつくのです。ですから、この家族にも、「建物の全体が……成長」する（二一節）こと、「ともに築き上げられ」る（二二節）ことが必要です。そして、その成長のために「組み合わせていく」いく（二一節）ことが欠かせません。ジグゾーパズルに取り組めば、組み合わせていくことがいかに難しいか、そしてどれほど細かい配慮が必要か、よくわかるでしょう。神の家族において、かつては全く関係のなかった人間が組み合わされていくことは決して簡単なことではありません。はじめは、しっかりと組み合わされていないために、様々な誤解が生じ、様々な行き違いが生じます。だからこそ、神と和解していただき、お互いに和解している者として、取り組むべき課題に取り組み、築き上げられ、組み合わされて、成長していくことが求められます。

神の家族である教会の現実をパウロはここで指摘しています。教会に加えられた、といっても、そこにもはや成長の必要のない「家族」がある、などと期待してはなりません。私たち一人ひとりは、まだまだ成長しなければならない存在です。これから組み合わされていかなければならない存在なのです。

組み合わされ、築かれ、神が願っておられる姿になることは本当に可能なのだろうか、と疑問に思う方もおられるでしょう。教会の一員として長く過ごし、教会の現実を知れば知るほど、そのように感じることでしょう。しかし、この家族は「キリスト・イエス」が

「要の石」、いわば「大黒柱」である建物です（一九〜二〇節）。この大黒柱に支えられて、成長します。あらゆる敵意という隔ての壁を打ち砕いた方、人と人、神と人の間に平和を生み出した方に支えられて成長するのです。そして、この大黒柱である方は「使徒たちと預言者たち」（二〇節）のことばを与えてくださっています。ですから、いつも希望があります。神の家族へと成長し、組み合わされ、築かれていくことを期待することができるのです。だからこそ、みことばに耳を傾け続けるよう招かれているのです。

キリストの十字架がこの「神の家族」を生み出しました。そして、教会は、「神の家族」が共に成長していく場です。ホームドラマに出てくるような、様々な葛藤を経る必要があるかもしれません。しかし、和解をもたらしてくださったキリスト・イエスのゆえに、私たちには希望があるのです。

成長途上にある神の家族

キリストは私たちを「孤児」から「神の家族」の一員に招き入れてくださいました。私たちはこの新しい家族の一員とされ、神は平和を私たちの間に送ってくださいました。この素晴らしい恵みを私たちはしっかりと心に留めたいと思います。神の家族として、祈り合い、助け合い、支え合いたいと思います。

それとともに、現実的な目をもつ必要性もあります。私たちは「完成した神の家族」ではなく、「成長途上にある神の家族」です。問題が起こり、不協和音も生まれます。けれども、平和をもたらしてくださった神が、そこにも働き続けておられることを信じて歩み続けるとき、希望は失われることはありません。

私たちに平和を与え、神の家族としてくださったのはキリストの十字架です。裂かれたそのからだによって、神と私たちの間に平和が生み出されました。裂かれたそのからだによって、私たちは合わされました。そして、裂かれたそのからだによって、私たちの間にも平和が生み出されました。ですから、あらゆるものを和解させた十字架が、これからも私たちを「神の家族とする」ことを覚えて、歩みたいと思います。問題が起こったとき、まず十字架を見上げる者とさせていただきましょう。十字架の恵みから健全な神の家族への成長が始まります。

4　明らかにされた奥義

〈エペソ三・一～一三〉

「こういうわけで、あなたがた異邦人のために、私パウロはキリスト・イエスの囚人となっています。あなたがたのために私に与えられた神の恵みの務めについては、あなたがたはすでに聞いたことでしょう。先に短く書いたとおり、奥義が啓示によって私に知らされました。それを読めば、私がキリストの奥義をどう理解しているかがよく分かるはずです。この奥義は、前の時代には、今のように人の子らに知らされていませんでしたが、今は御霊によって、キリストの聖なる使徒たちと預言者たちに啓示されていま す。それは、福音により、キリスト・イエスにあって、異邦人も共同の相続人になり、ともに同じからだに連なって、ともに約束にあずかる者になるということです。私は、神の力の働きによって私に与えられた神の恵みの賜物により、この福音に仕える者になりました。

すべての聖徒たちのうちで最も小さな私に、この恵みが与えられたのは、キリストの測り知れない富を福音として異邦人に宣べ伝えるためであり、また、万物を創造した神のうちに世々隠されていた奥義の実現がどのようなものなのかを、すべての人に明らかにするためです。これは、今、天上にある支配と権威に、教会を通して神のきわめて豊かな知恵が知らされるためであり、私たちの主キリスト・イエスにおいて成し遂げられた、永遠のご計画によるものです。私たちはこのキリストにあって、キリストに対する信仰により、確信をもって大胆に神に近づくことができます。ですから、私があなたがたのために苦難にあっていることで、落胆することのないようお願いします。私が受けている苦難は、あなたがたの栄光なのです。」

囚人パウロ

私たちは様々な苦しみに出合います。人それぞれ、違った苦しみを経験します。その中には人に話せるものもあれば、話せないものもあるでしょう。

苦しみを経験しているとき、「なぜこのような苦しみにあわなければならないのか」と思うことがあります。「この苦しみに意味があるのでしょうか」と祈ることもあるでしょう。苦しみの意味を問いますが、その答えが見つかるときもあれば、見つからないときもあります。

聖書は、私たちが経験する現実をよく理解しています。なぜならば、「イエス・キリストを信じて歩めば、苦しみがなくなる」などとは決して語っていないからです。かえって、「真剣に歩む者にも数多くの苦しみが襲いかかることがある。真剣であるからこそ、苦しみが襲いかかることもある」と語っているのです。

真剣に神に従って歩んでいるからこそ、苦難の中を歩んだ例としてパウロがあげられます。彼は真剣な信仰者であり、真剣にキリストを信じ、歩んでいました。ところが、その彼がこう言っているのです。「あなたがた異邦人のために、私パウロはキリスト・イエスの囚人となっています」（一節）。

「囚人」と語っていますが、これは比喩的な表現ではありません。一三節では次のように言っています。「私があなたがたのために苦難にあっている……私が受けている苦難」と。ここでいう苦難は囚人として捕らえられていることを指していると考えるべきです。

ところが、パウロは、自分が囚人であるからといって、落胆しないようにエペソの教会の人々に命じています。むしろ、そのことを「あなたがたの栄光」であると思ってほしいと語るのです。なぜ自分が囚人となっていることを「あなたがたの栄光」と思うように、と語っているのでしょうか。

与えられた恵みと力

パウロは囚人となっていました（一節）。しかし神は、そのような状況にあるパウロに三種類のものを与えておられます。

まず、捕らわれの身となっているパウロに「神の恵み」が与えられました。「あなたがたのために私に与えられた神の恵みの務め」（二節）とありますが、丁寧に言い直すならば、「あなたがたのために神が私に与えてくださった神の恵みのゆえに就いている務め」という意味です。神から恵みを与えられたパウロは、その恵みのゆえに、特別な務めに就いているのです。また「私は、……私に与えられた神の恵みの賜物により、この福音に仕える者になりました」（七節）とも語っています。神から恵みを賜物として与えられて、その結果、自分は福音に仕える者にされたと述べているのです。続いて、「すべての聖徒たちのうちで最も小さな私に、この恵みが与えられた」（八節）とも言うのです。神から恵みを与えられた結果、パウロは福音を宣べ伝える働きに就いたのです。

パウロはキリストの福音を全力で伝えていました。しかし、この働きはパウロの中から生み出されたものに基づいて行っているのではありません。神から与えられている恵みによって福音を宣べ伝えているのです。パウロの宣教の源泉は神の恵みでした。

ここでもまた、「神の恵み」です。クリスチャンとしての歩みと働きを現実とする力の源は私たちのうちにはありません。力の源はいつも神が私たちに一方的に与えてくださる「神の恵み」です。この神の恵みを日々実感しながら生きるとき、クリスチャンとして活き活きと歩むことができるのです。パウロはこの神の恵みに立脚して生きていましたから、囚人であったとしても、福音を宣べ伝える働きを続けることができました。与えられた使命を果たすことができたのです。

神がパウロに与えられたものの二つめは「神の力」です。

「私は、神の力の働きによって……この福音に仕える者になりました」(七節)。どのような困難の中にあっても福音宣教の働きを遂行することができたのは、それが「神の力による働き」であるからだ、とパウロは語っています。

私たちは力のない者です。当然のことです。けれども、それゆえに何もできない、と考えるのでしょうか。パウロが力説しているのは、神の力が働いて、神の力をいただいて、神が導かれる働きをなすことができるようになるという現実です。このことを心に留めないで、「私には力がない」とばかり祈っている人を見ることがあります。もちろん、神が導かれる働きは、人それぞれ異なります。神から与えられた恵みによって、神が与えられる力によって、私たちはそれぞれにふさわしい働きにあずかることができるのです。

このように活き活きとしたクリスチャンとしての歩みの源は、「神の恵み」と「神の力」を実感して生きることなのです。

与えられた福音

パウロには「神の恵み」と「神の力」が与えられていました。そして、三つめに神が彼に与えられたのが「福音」です。彼はそれを「キリストの測り知れない富」と表現しています（八節）。つまり、「理解することができないほどたくさんある富」です。パウロには、恵みと力とともに福音という知らせが与えられていたのです。

それでは、パウロに与えられた福音はどのような知らせだったのでしょうか。

福音の特徴、それは「奥義」と言われているように「隠されて」いたことでした（三、四、九節）。ですから、「前の時代には、今のように人の子らに知らされていませんでした」（五節）。さらに「万物を創造した神のうちに世々隠されてい」ました（九節）。

ところが、「奥義が啓示によって私に知らされました」（三節）とあります。「啓示」とは、隠されていたものが明らかにされる動作を指しています。「今は御霊によって、キリストの聖なる使徒たちと預言者たちに啓示されています」（五節）。「万物を創造した神のうちに世々隠されていた奥義の実現がどのようなものなのかを、すべての人に明らかにするためです」（九節）。そして、「神のきわめて豊かな知恵が知らされる」（一〇節）のです。

このように、パウロが神から与えられた福音は、かつては隠されていたけれども、今は明らかにされた知らせです。すべての人が知ることができる知らせです。

それでは、福音とはどのような知らせなのでしょうか

同じ内容のことが別の言い方で、二か所に書かれています。

まず六節です。「それは、福音により、キリスト・イエスにあって、異邦人も共同の相続人になり、ともに同じからだに連なって、ともに約束にあずかる者になるということです。」本書二章でも述べたことですが、福音とは、イスラエルに与えられた神の恵みの賜物、神の祝福を、今やユダヤ人だけでなく、あらゆる人が受け継ぐことができるようになったという知らせです。キリストの十字架、復活、昇天によって、キリスト・イエスを信じる者は、尽きることのない神の豊かな富を受け継ぐ者となりました。それも、「共同の」「ともに」とあるように、これまで祝福を受け継いできた神の家族の仲間に入れられて、彼らとともに受け継ぐようになったというのです。

神の家族の仲間に入れられ、神の祝福を受け継ぐことを、言い換えているのが一二節で

す。「私たちはこのキリストにあって、キリストに対する信仰により、確信をもって大胆に神に近づくことができます。」 異邦人であっても、神の祝福から遠いように思える存在であった人でも、神に近づき、大胆に神の前に祈り、願い、御前に出て、その祝福をいただくことができるのです。もちろん、神の前には恐れおののきつつ出なければならないでしょう。けれども、キリストによって神の家族に加えられ、神の民にされた者は、神と顔と顔を合わせて生きることができるのです。

このような祝福が福音によって明らかにされました。異邦人であっても、ユダヤ人であっても、キリストの十字架、復活、昇天によって与えられた神の恵みのゆえに、無尽蔵な神の祝福の約束を継承することができるのです。パウロはこの福音を神からいただきました。

このようにパウロは、神の恵みを、神の力を、そして神の福音を神から与えられました。しかし、これらのものは、パウロ自身がひとりで楽しむためのものではありません。それは常に「あなたがた」のためでした。「あなたがたのために私に与えられた神の恵み」（三節）とあるように、パウロがこれらのものをいただいたのは、あなたがた、つまりエペソの教会の人々のためであったのです。いや、もっと大きな文脈から言うと、まだキリストを知らないすべての異邦人のためでした。

活き活きとしたクリスチャン生活の秘訣は実はここにあります。神からいただいた恵みと力と福音を日々実感しつつ、これらを自分のためにではなく、隣人のために用いていくことです。イスラエルにある死海には、流れ込む川はありますが、流れ出す川はありません。そのために、ほとんどの生き物が住むことのできない「死の海」となってしまいました。しかし、そのすぐ上流にあるガリラヤ湖は、流れ込む川も流れ出す川もあります。だからこそ、今でも魚が豊かに生きる湖なのです。神の恵みと力と福音を受けた者が、神から受けた賜物を隣人のために注ぎ続けていくとき、隣人だけではなく、注ぎ続けるその人も、いのちに満ちていくのです。

与えられた苦難

パウロは神から素晴らしいものを与えられました。それでもなお、彼は「囚人」でした。神から素晴らしいものが与えられているにもかかわらず、パウロは囚人であった、と考えるべきではありません。むしろ逆に、素晴らしいものを神から与えられているからこそ、パウロは囚人であった、と考えるべきです。与えられた神の恵みと力と福音に応えて、真剣にキリストに従って歩んだからこそ、パウロは囚人となって、苦難の道を歩むようになったのです。このことは、「あなたがた異邦人のために、私パウロはキリスト・イエスの囚人となっています」（一節）というパウロの言葉にも示唆されています。つまり、神の恵みが与えられ、神の力が与えられ、神の福音を委ねられたからこそ、パウロは異邦人が神の家族に加わるために働いたのです。そして、この働きのゆえにパウロは捕らわれ人となりました。単にキリストに「捕らえられた」という意味でのキリスト・イエスの囚人になったのではありません。キリスト・イエスのために自ら進んで囚人となったのです。なんとかして、異邦人が神の家族に加わることを願っていたからです。

パウロは、福音の奥義に隠されていた神のご計画を理解していました。かつては隠されていたけれども、今や明らかにされた奥義が実現していくなかで（九節）、何が起こっていくかを知っていたのです。

福音の宣教は、言葉巧みな説教者が語り、多くの人がそれに魅せられて実現していくものではありません。宣教者がこの世で大成功したから進んでいくものでもありません。ちょうどキリストの十字架という苦難によって神のご計画が実現したように、宣教者が苦しむことによって、神の計画は進んでいくのです。そのことをパウロは理解していました。

この不思議をパウロは理解していました。

だからこそ、パウロは自らの苦難のゆえに意気消沈してはいけない、と語っているのです。恵みと力と福音を与えてくださる神は、福音がより多くの人々に伝えられるために、宣教のわざが進むために、宣教者の苦難をお用いになることを知っていたからです。そして今、彼の苦難を通して、確かに福音の宣教が進んでいることに気がついていました。

新聖歌二九二番に「もしもわたしが苦しまなかったら」という曲がありますが、この歌詞は水野源三さんによるものです。彼は幼いころの病気のゆえに、体の自由を失い、言葉を発することもできなくなりました。コミュニケーションの手段として彼が用いることができたのは、瞬きだけでした。その彼が次のように歌っています。

「もしも私が苦しまなかったら
神様の愛を知らなかった」

水野源三さんは、自分に与えられた苦難に意味があり、目的があることに気がつきました。自分の苦しみを通して、自分が神の愛を知り、さらに神の福音が広がっていくことに気づいたのです。ですから、このように歌うことができたのです。

今、戦いや苦難の中にある方がおられるかもしれません。個人として、そして教会として。あなたの苦しみには目的がありますよ、などと上から目線で語る気はありません。けれども、心に留めていていただきたいことがあります。聖書が語っている神は、私たちの信じている神は、恵みと力と福音を与えてくださるとともに、苦難をも与えられる方であるということです。そして、その苦難を通して、だれにも想像できない方法で、神はご自分のわざを進められるのです。だからこそ、苦難をもって、私たちは多くの人に仕えることができます。もちろん、このことを理解し、その結果を見るまでには時間がかかるでしょう。しかし、神は不思議な方法でこの世界に働き続けておられるのです。

神が与えられたものを神の目的のために

パウロはエペソの人々に、自分が囚人となって苦難を受けていることを聞いても、落胆するな、むしろあなたがたの栄光である、と語りました（一三節）。それは、パウロに恵みと力と福音を与えてくださった神が、彼の苦難を通して、ご自分の計画を進めておられることに気がついたからです。そして、神の与えてくださっている恵みと力と福音によって、「キリストの測り知れない富」（八節）のゆえに、パウロ自身もエペソの教会も、その苦難を乗り越えられることを知っていたからです。

神は目的をもって、私たちに様々なものを与えてくださいます。恵みや力や福音を、さらには苦難さえも目的をもって与えてくださっているのです。そして、その目的の一つは、私たちの隣人に神の祝福が及ぶためです。パウロの生涯がそうであり、歴史上の多くの人たちの生涯がそうであったように、私たちが隣人を祝福できるように、神は私たちを導き、必要なあらゆるものを備えてくださっています。そのことを覚えつつ、囚人であっても、神の恵みを語り続けることができたパウロのように、あらゆる状況の中でも、神から与えられたものを確信して歩ませていただきたいものです。神の恵みと力はそれを可能とします。そして、素晴らしい福音が私たちには委ねられているのです。

5 すべての源である神

〈エペソ三・一四〜二一〉

「こういうわけで、私は膝をかがめて、天と地にあるすべての家族の、『家族』という呼び名の元である御父の前に祈ります。どうか御父が、その栄光の豊かさにしたがって、内なる人に働く御霊により、力をもってあなたがたを強めてくださいますように。信仰によって、あなたがたの心のうちにキリストを住まわせてくださいますように。そして、愛に根ざし、愛に基礎を置いているあなたがたが、すべての聖徒たちとともに、その広さ、長さ、高さ、深さがどれほどであるかを理解する力を持つようになり、人知をはるかに超えたキリストの愛を知ることができますように。そのようにして、神の満ちあふれる豊かさにまで、あなたがたが満たされますように。

どうか、私たちのうちに働く御力によって、私たちが願うところ、思うところのすべてをはるかに超えて行うことのできる方に、教会において、またキリスト・イエスにあって、栄光が、世々限りなく、とこしえまでもありますように。アーメン。」

祈ること

信仰的な人であろうとなかろうと、多くの人は祈ります。「祈り」について話せば、様々な宗教の人とも、さらには無宗教の人とも対話ができます。祈りが普遍的なものであり、自然の発露だからでしょう。

だからといって、祈っていれば、それでいいのだ、とは言えません。聖書が求めている祈りの姿があります。そこで、クリスチャンはいったいだれに向かって祈っているのか、何を願って祈っているのか、そして、そのように祈る私たちはどのような道を歩むように招かれているのかを、エペソ人への手紙三章一四〜二一節に綴られている、エペソの教会の人々のためのパウロの祈りから考えてみましょう。

すべての源である神

エペソ人への手紙は大きく二つに分けることができます。前半は一〜三章、後半は四〜六章です。前半の部分で、パウロは二回、祈っています。まず、初めの部分（一・一七〜

一九）では、「あなたがた」、つまりエペソの教会の人々のために祈っています。そして、前半の最後の部分である三章一四～二一節でも、パウロは、最初の祈りを続けるかのようにして、「あなたがた」のために祈っています。

パウロは「私は膝をかがめて」（一四節）とこの祈りを始めています。ぜひ想像していただきたいのですが、立ち上がって話をしていたパウロが、突然、膝をかがめて、地面にひざまずくのです。そして、祈り始めます。この姿勢には、祈りに向かうパウロの姿勢が込められています。神の前に切なる願いをもって祈っています。そして、神を神として、自分はその神に仕える一介のしもべにすぎないことを認識して祈っているのです。

ところが、パウロはその祈りを自らの「願い」で始めることはしません。自らがひざまずいて、へりくだっている理由を述べるように、自分が今、祈ろうとしている神がどのような方であるかを告白しています。

それでは、パウロが祈っている神、そして私たちが日々祈っている神とは、どのような方でしょうか。

「天と地にあるすべての家族の、『家族』という呼び名の元である御父」と一五節にあります。パウロは、「天と地にあるすべての家族の、『家族』という呼び名の元」、つまり「すべての源である父」である神に向かって祈っています。この方は、天も地も含めた全世界という被造物すべてを生み出した方です。それぞれにいのちを与え、それぞれに使命を与えた、宇宙大の家族の父であり、創造者である神に、パウロは祈ります。

パウロは、すべての創造者であり、すべてのものの源である方、つまり唯一の神に対して膝をかがめています。彼は自らがこの方のしもべであることを認めているのです。ただし、自分が単なる「しもべ」であるとは考えていません。この方の「子」として、パウロは祈っているのです。

私たちもあらゆるものの源、全世界の創造者である方に向かって祈っています。そのような偉大な神の前で、私たちは一人の「しもべ」にすぎません。ひざまずくしかない存在です。けれども、その方を「父」と呼ぶ家族の一員とされたのも事実です。神の家族の一員（二・一八～一九）、「キリスト・イエスと共同の相続人」（三・六）とされているからです。このようにして、偉大な方であり、父であり、創造者である神に私たちもパウロとともに祈るのです。

願い――神が神の力で満たしてくださる

それでは、すべてのものの源である父に、パウロは何を祈り願っているのでしょうか。

パウロの願いを端的に表しているのが一九節です。「神の満ちあふれる豊かさにまで、あなたがたが満たされますように。」　すべての源である方のうちに満ちているもののすべてによって、エペソの教会の人々が満たされるようにとパウロは願っています。すべてのものを満たすことができ、実際にそれを満たそうと願っておられる方のすべてによって、満たされるのです。あたかも、世界中の海の水をもって、二〇〇ccのコップが満たされるように祈るようなものです。どう考えても、満ちあふれるしかないようなものをもって満たされるように、そして、私たちを満たしたうえでもまだまだ余りある方によって満たされるように、と願っているのです。

三章一六～一七節を見ると、もう少し具体的に「満たされる」ことの意味が明らかにされています。

一六節に「内なる人に働く御霊により、力をもってあなたがたを強めてくださいますように」とあります。つまり「満たされる」とは、神が聖霊によって私たちのうちに神の力を与えてくださることを指しています。

私たちは、自分が力のない者であるとしばしば感じます。神に従う力、人を愛する力、痛みや病に打ち勝つ力、罪に打ち勝つ力、対人関係の中で進んでいく力などです。しかし、神によって満たされるというのは、私たちが神の力をいただいて、いや、それにあふれて、様々な出来事に向き合っていくということです。私たち自身の力がゼロであったとしても、神の力に満たされるならば、私たちは力に満ちて物事に向き合うことができます。

エペソ人への手紙の中で「神の力」というと、一章一九～二〇節を特に思い起こしますが（「神の大能の力の働きによって私たち信じる者に働く神のすぐれた力が、どれほど偉大なものであるかを、知ることができますように。この大能の力を神はキリストのうちに働かせて……」）、同様に、今日の聖書の箇所にも、力に関する言葉があふれています。「力」、「理解する力」、「働く御力」、「行うことのできる」と。

十字架で死なれたキリストを、その死からよみがえらせるほどの神の力によって、弱い者が勇士となるのです。そして、聖霊が、キリストをよみがえらせ、天の王座に置いた神の力で私たちを満たすことこそ、ここで述べられている「満たされる」ということなのです。

さらに、一七節を見てみましょう。「信仰によって、あなたがたの心のうちにキリストを住まわせてくださいますように。」 二章一～一〇節を思い出してください。キリストとともによみがえらせられることによって、私たちは罪と死の力に打ち勝ち、神が与えてくださった良い行いに歩むことができるようになります。単に「心」だけでなく、「生き方」においても、復活のキリストが私たちのうちに生きてくださいます。つまり、私たち自身の力ではできない歩みをすることができるようになるのです。

私たちではなく、復活されたキリストが、私たちにはできないことを私たちの上になしてくださいます。ですから、どのような素晴らしいことをしたとしても、それは「私たちのわざ」ではなく、「私たちのうちに住んでおられるキリストのわざ」となるのです。

たとえば、自分の力では「人を赦す」ことができないのを、私たちはよく知っています。ところが、人を赦すことができるようになります。それは、私たちのうちに住み、とどまっておられるキリストが、私たちを通して、私たちに対して悪を行った人を赦してくださるからです。そのようにして人を赦したとしても、私たちは自分がしたことだ、と誇ることはできません。聖霊の力によってキリストが私たちのうちに住んでくださって、自分ではできないことをキリストが私たちを通して行ってくださるからです。このような生涯をクリスチャンは歩むことができます。〝神ご自身によって私たちが満たされる〟とき、このことが現実となるのです。

そのために欠いてはならないのが「信仰」です。一七節にこうあります。「信仰によって、あなたがたの心のうちにキリストを住まわせてくださいますように。」信仰とは「信頼すること」です。自らは空っぽで、何もできない存在であることを認めたうえで、満ちあふれる神から、満ちあふれる賜物を喜んで受け取っていく姿です。このような信仰に生きている者は、神の力に満たされた歩みをすることができるのです。

願う者の道――キリストの愛をすべての聖徒とともに経験する

すべての源である神のすべてによって満たされる、ということは素晴らしいことです。しかし信仰があればすべてが「自動的」に実現できるようになるとは限りません。なぜなら、長い間「自分の力」によって生きてきて、それが習慣となっている私たちが、その習慣とは全く異なる生き方を瞬時に自分のものとすることは、稀にしかないからです。クリスチャンになってから、自分の歩みの矛盾点に気づき、自分の信仰はだめなのだろうか、神には力がないのだろうか、と思うようになるのが普通です。これまでとは違う歩みを願いつつも、それをすぐに実現できないというジレンマに陥ります。

子どもが歩くのを覚えるのに時間がかかります。同様に、神のすべてで満たされた者がその歩みを覚え、そのように歩むことができるようになるためには、時間がかかります。そして学び続けなければなりません。一九節に記されている、「人知をはるかに超えたキリストの愛を知ること」は、そのような学び続けるプロセスを表しています。「人の知識をはるかに超えたことを知ることができるのか」という突っ込みが入るでしょう。当然、すべてを一瞬のうちに知ることは不可能です。むしろ、生涯をかけてキリストの愛を知り続けていくのです。知り尽くすことはできなくても、日々、新たにキリストの愛を知り続けていくことはできます。

このようなプロセスを通して、一八節にあるように、「その広さ、長さ、高さ、深さがどれほどであるかを理解する力を持つ」のです。キリストが内に住んでくださることで、私たちは、この測り知れないキリストの愛の全体像を知る歩みを始めます。人知を超えたキリストの愛を少しずつであっても、知り、体験していきます。そして、その全体像を垣間見ていくのです。

では、キリストの愛の全体像を知るためには、どのような道を日々進むべきなのでしょうか。別の言葉で言うならば、自分の力で生きていくという習慣から解放されて、神の満ちあふれる豊かさによって生きていく者として形づくられるためには、何を選び続けるべきなのでしょうか。

それは一七節にあるように、「愛に根ざし、愛に基礎を置く」ことです。キリストの愛を知るために大切なのは、私たちが愛に生き、愛によって強められることです。キリストの愛と隣人の愛によって強められ、キリストの愛の道を選ぶのです。

人として自分が経験した以上のことを想像するのは、たいへん難しいことです。親に愛された経験のない子どもは大人になったとき、自分の子どもをなかなか愛することができないと言われます。人知をはるかに超えたキリストの愛を知るために重要なのは、私たち自身が愛に生きることを始めつつ、キリストの愛と隣人の愛によって強められ続けることです。愛を自ら経験し、他者を愛し始めるとき、私たちは、人知をはるかに超えたキリストの愛を知り始めていくのです。このようにしてキリストの愛を知れば知るほど、さらに他者を愛する愛に生きることができるようになります。このようなプロセスを通して、人知を超えたキリストの愛を知っていくのです。

愛することはひとりだけで学ぶことはできません。一八節に「すべての聖徒たちとともに……」とあるとおりです。

教会こそが、人知をはるかに超えたキリストの愛を理解するための「愛のゆりかご」です。生まれたばかりの子どもが、すぐにひとりで歩き始めることなどありません。まずはゆりかごの中でゆっくりと育てられ、ハイハイから始まって、つかまり立ちをし、ひとりで立ち、そして歩き始めるのです。だれかに助けられて、このプロセスを進んでいきます。このような形で互いに助け合って、愛を知っていくゆりかごが教会です。隣人を愛することができない人には、ゆっくりと育てられる場所が必要です。愛を学ぶ場所が必要です。「すべての聖徒」が共に集められている教会は本来そのような場所です。

私たちは何にでも即戦力を求めてしまいます。今すぐここで役に立つことを求めます。しかしパウロは、キリストの愛を知るのが時間のかかるプロセスであることをよく知っていましたから、何よりもまず、この愛を知ることが実現するように祈り求めたのです。

さらに、教会は、人知をはるかに超えたキリストの愛の全体像を理解する道の途上にある者たちが共に集まって旅を続けている場所です。だからこそ、お互いに忍耐をもって愛し続けるように招かれています。そして少しずつ、私たちは共に人知を超えたキリストの愛を理解していくのです。

教会におけるこの「プロセス」の大切さを私たちは知っているでしょうか。牧師も信徒も、一人ひとりが教会で育てられていくことを。

「私はあの人が育つように忍耐している」と思うのは大切なことです。しかし忘れてはいけないのは、そんなあなたが育つように忍耐している人がいるという事実です。「人知をはるかに超えたキリストの愛を知る」ことができるように、私たちはお互い忍耐をもって愛し続けるよう招かれています。そして、その力は、すべての源である父から来るのです。だからパウロは、父がこの力を注がれるようにと祈り願っているのです。

神の栄光が現される

すべての源である神は、パウロの祈りに答えて、私たちを神の満ちあふれる豊かさをもって満たそうと願っておられます。もうその準備はできています。繰り返しますが、神の一方的な恵みによってこのことが実現するのです。

今、私たちに求められていることは信仰をいただいて、一歩、前に進むことです。人知をはるかに超えたキリストの愛の全容を理解するために、まず愛に根ざし、愛によって強められて生活することを選ぶことです。互いに忍耐し合うことです。赤ん坊がつたない歩みを続けているのを温かい目で見守る両親のように、互いを見守っていくことです。教会が「愛のゆりかご」であると信じて、そこで愛に根ざし、愛によって強められて生活することを学んでいくことです。このようなプロセスを通して、人知をはるかに超えたキリストの愛を少しずつ理解できるようになります。注いでくださっている神の力に信頼して、取り組んでいくのです。

そのときには何が起こるのでしょうか。

二〇節に、「私たちのうちに働く御力によって、私たちが願うところ、思うところのすべてをはるかに超えて行うことのできる方」とあります。父である方が、想定できないような素晴らしいことを、私たちを通してなしてくださいます。神の満ちあふれた豊かさが私たちと私たちの教会に満ちあふれ、その結果、神の栄光がキリストのからだである教会を通して、この世界に現されます。まさにパウロの祈りが実現していくのです。

私たちははたしてこのことを願っているでしょうか。祈っているでしょうか。実現すると確信しているでしょうか。三章一四～二一節の祈りが私たちの教会の祈りとなっているでしょうか。

この祈りのことばを私たちの祈りとしましょう。そして、神に信頼して、この祈りを神に実現していただこうではありませんか。私たちは空っぽです。しかし、すべての源である方は、満ち満ちた力にあふれておられます。そして、教会という「愛のゆりかご」で、私たち、愛を知らない者を育てようとしておられます。

6　一つの教会、それぞれへの恵み

〈エペソ四・一～一六〉

「さて、主にある囚人の私はあなたがたに勧めます。あなたがたは、召されたその召しにふさわしく歩みなさい。謙遜と柔和の限りを尽くし、寛容を示し、愛をもって互いに耐え忍び、平和の絆で結ばれて、御霊による一致を熱心に保ちなさい。あなたがたが召された、その召しの望みが一つであったのと同じように、からだは一つ、御霊は一つです。主はひとり、信仰は一つ、バプテスマは一つです。すべてのものの上にあり、すべてのものを貫き、すべてのもののうちにおられる、すべてのものの父である神はただひとりです。

しかし、私たちは一人ひとり、キリストの賜物の量りにしたがって恵みを与えられました。そのため、こう言われています。

『彼はいと高き所に上ったとき、
捕虜を連れて行き、

人々に贈り物を与えられた。』

『上った』ということは、彼が低い所、つまり地上に降られたということでなくて何でしょうか。この降られた方ご自身は、すべてのものを満たすために、もろもろの天よりも高く上られた方でもあります。こうして、キリストご自身が、ある人たちを使徒、ある人たちを預言者、ある人たちを伝道者、ある人たちを牧師また教師としてお立てになりました。それは、聖徒たちを整えて奉仕の働きをさせ、キリストのからだを建て上げるためです。私たちはみな、神の御子に対する信仰と知識において一つとなり、一人の成熟した大人となって、キリストの満ち満ちた身丈にまで達するのです。こうして、私たちはもはや子どもではなく、人の悪巧みや人を欺く悪賢い策略から出た、どんな教えの風にも、吹き回されたり、もてあそばれたりすることがなく、むしろ、愛をもって真理を語り、あらゆる点において、かしらであるキリストに向かって成長するのです。キリストによって、からだ全体は、あらゆる節々を支えとして組み合わされ、つなぎ合わされ、それぞれの部分がその分に応じて働くことにより成長して、愛のうちに建てられることになります。」

教会に加えられるということ

なぜ教会があるのでしょうか。

日本人には、信仰は良いけれども、宗教に関する組織に入るのは嫌だという考えがあります。キリスト教を含めて宗教一般に対する不信感の多くは、それぞれの信仰そのものに対してのものではなく、組織が行ってきたこと、行っていることから生まれてきたものと言っても過言ではないでしょう。ですから、教会という組織は不要ではないか、という考えも歴史の中で生まれてきました。

確かに、教会はこれまでいろいろな問題を起こしてきました。けれども、新約聖書、特に書簡を読むときに、それでもなお教会が大切なものであることがわかります。たとえば、書簡のほとんどは、内容を考えると、「どこそこの人たちへの手紙」というある町に住むすべての人々に対するものではなく、「どこそこにある教会への手紙」です。さらに、クリスチャンになることは教会に加えられることである、と新約聖書は理解しています。ある地域のある特定の「教会」の会員となるのみならず、世界大の教会に加えられるのです。

それでは、クリスチャンになり、教会に加えられるということには、どんな意味があるのでしょうか。今日はそのことを共に考えてみましょう。

教会は神の招きによって存在している

エペソ人への手紙の後半は、四章一～一六節をもって始まります。この箇所のテーマは「キリストのからだ」です（四、一二節）。唐突に出てきたテーマではありません。すでに、「二つのものを一つのからだとして、十字架によって神と和解させ……」（二・一六）とあり、「教会はキリストのからだであり……」（一・二三）と本書の前半で「キリストのからだ」について語られています。

「教会」というと、建物のことを考えてしまいがちです。けれども、エペソ人への手紙で描かれている教会は建物を指してはいません。礼拝に集まっている私たち、この人の集まりこそ教会です。私たちクリスチャンをひとまとめにして聖書は「教会」、「キリストのからだ」と呼んでいます。「神の家族」（二・一九）とも呼ばれています。

では、教会は、いったいどのような人によって構成されているのでしょうか。教会に加えられる条件は何でしょうか。

その条件は簡単なものです。招待されるということです。

ハリウッドで毎年開かれている「アカデミー賞授賞式」には、だれもが出席できるわけではありません。主催している組織からの招待状を受け取った人だけです。同様に、教会に加えられる条件は、招待されることです。「招待されること」を、エペソ人への手紙では「召し」という表現を用いています。「召されたその召し」（一節）、「あなたがたが召された、その召し」（四節）と。「召される」とは、「呼ばれる」、「招待される」、「お声がかけられる」という意味です。

「私は招待されてなんかいない。自分の意志で教会に来たからだ。私は招かれていないから、教会になど加わっていない」と思う方がおられるかもしれません。しかし不思議なことですが、教会の礼拝に今日集っている人、そして洗礼を授けられてクリスチャンとなった人はすべて、その人が自覚しているか否かに関わりなく、教会へと招待されたのです。

いったいだれが私たちを教会に招待したのでしょうか。

天地を造られた神、イエス・キリストを地上に送られた神が、私たちを教会に招待してくださいました。神が私たちを選び、私たちを招待し、私たちを教会に加え、神の家族の一人としてくださいました。自ら進んで教会に来た人も、人から勧められて教会に来た人も、いやいやながら教会に来た人も、私たちの気持ち云々《うんぬん》に関わりなく、天地を造られた神によって招待され、その結果、今、教会に加えられているのです。神が、私たちの理解をはるかに超えた導きによって、私たちを教会に集めてくださったわけです。もちろん、私たちの好みや家族や友人の繋がりが大きな影響を与えているかもしれませんが、すべての背後には、神の不思議な導きがあります。あなたがここにいて、あなたの隣にその人がいるのは、ほかでもない、神の摂理、そのみこころにしたがった計画のゆえなのです。

教会は神の賜物によって支えられている

天地を造られた神が私たちを招待して、摂理によって教会に集められています。それでは、教会は何によって支えられているのでしょうか。神によって集められた一人ひとりの努力でしょうか。会員がささげた献金でしょうか。どちらでもありません。一人ひとりを教会に招待してくださった神は、教会を支えるために必要なものを、集められた一人ひとりに与えてくださっています。四章七節に「私たちは一人ひとり、キリストの賜物の量りにしたがって恵みを与えられました」とあります。つまり、神は教会へ招待した人に対して、だれ一人もれることなく、それぞれにふさわしい恵みを与えておられるのです。そして、神がそれぞれに与えた恵みが教会を支えるのです。

特に二つのことに注目すべきです。

まず、神は招待した人すべてに恵みを賜物として与えておられるということです。ここに集っている一人ひとりに神は何かをプレゼントとして与えてくださっているという事実を忘れてはいけません。

次に、それぞれには、それぞれにふさわしい、異なった恵みが与えられているということです。神は、ここに集っている一人ひとりに全く同じものを与えておられるわけではないのです。金子みすゞではありませんが、「みんな違って、みんないい」恵みが神の賜物としてそれぞれに与えられています。

八～一〇節を見ると、立場も環境も違う人々それぞれに、ふさわしい恵みを賜物として与えるために、キリストご自身が地の低い所へ降《くだ》り、またいと高い所へと上られたと記されています。キリストご自身に届かない所がないのですから、キリストを通して与えられる神の恵みをいただかない人は、この世界に存在しません。

神が与えてくださった恵みの一つが教会のための働き人です（一一節）。「お立てになりました」とありますが、これは「お与えになりました」ということです。「使徒」（遣わされて、新しいクリスチャンの群れを生み出す人たち）、「預言者」（神のことばを語る人たち）、「伝道者」（福音を語る人たち）、「牧師」（教会を牧会する人たち）、「教師」（福音の真理について教える人たち）。もちろん、現代の日本の教会の現実を見れば、これだけに限定されていないことは明らかです。神は様々な働き人を備えておられます。牧師、教会役員、聖歌隊、教会学校教師、礼拝奉仕者、食事の準備をする人……。神は、数えきれない働き人をキリストを通して教会に与えてくださいました。

このように、神が招待した人々によってつくられている教会は、神が与えてくださったプレゼントによって支えられており、神が与えてくださった様々な働き人によって支えられています。

一つの地域教会を見ても、世界大の教会を見ても、そこに様々な必要があるのは明らかです。そのような教会を支えていくためには、様々な働き人という、神からの賜物が必要です。つまり、あなたの隣に座っている、あなたとは全く異なったあの人は、教会を支えるために、神が備えてくださった素晴らしい賜物なのです。それゆえ、「私とは全く違うあの人が教会にいる。それは神からの賜物だ。祝福だ」と喜び合える者となりたいものです。ちなみに、私は、自分と同じ人ばかりいる教会は何か恐ろしく、気持ち悪ささえ感じます。皆さんはどうでしょうか。

教会は成熟へと向かって進んでいく

神が招待してつくられた教会に、なぜ神からの様々な賜物が必要なのでしょうか。それは、教会がまだ幼いからです。

教会は「キリストのからだ」と言われています。「幼いからだ」が「成熟したからだ」になるためには、様々な備えが必要です。このために、神は私たち一人ひとりにふさわしい賜物を与えてくださっています。そして、教会が成熟するために、その賜物が用いられるように願っておられるのです。生まれた時から肉体も人格も成熟しきった人などいないように、はじめから成熟した教会など存在しません。ある一つの教会が成熟するためには、それなりの時間とプロセスが必要です。

「教会はまだ幼い」と言いましたが、具体的にはどのような姿を「幼い教会」というのでしょうか。それは一四節からわかります。

まず、幼い教会は「もてあそばれたりする」のです。何かが起こったとき、それに振り回されてしまっている教会です。次に、「吹き回されたり」しています。自分で主体的に何かをすることができません。ですから、いつも不安定です。「教えの風」、「悪賢い策略」、

「人の悪巧み」によって、教会の外で起こる出来事、教会の中で起こる出来事によって、子どものような教会はいつも揺れ動いています。

私たち一人ひとりはまだ幼く、教会も幼いのではないでしょうか。着実に、一歩一歩進んでいるのではなく、あちらにふらふら、こちらにふらふらしているのではないでしょうか。

けれども、そのような教会が成熟するために神は賜物を与え、様々な人を備えていてくださっているのです。神から招待を受けて、今ここにいるあなたは、教会が成熟するために欠くことができない存在です。

それでは、どのような姿が、成熟した教会の姿なのでしょうか。その姿のキーワードは「愛」です。

まず、「愛をもって真理を語る」教会です（一五節）。真理を語ることは簡単かもしれません。相手のことを何も考えずに正論を吐けばよいのですから。真理を語らないことも簡単かもしれません。教会はこんなものだ、とあきらめていればよいのですから。愛をもって真理を語るのは難しいことです。正しいことを正しいこととして語りつつ、相手を生かし、支えようとするからです。はたして私たちの教会はそうなっているでしょうか。

次に、「愛のうちに建てられている」教会です（一六節）。お互いへの愛によって、お互いを育てていく教会、お互いを支えていく教会です。愛をもって互いに忍び合う教会です。そのようになるためにも、時間がかかります。相手の足らなさを忍耐し、自分の足らなさを忍耐してもらうのです。様々な面で異なる者たちが、それぞれに与えられている賜物を生かしながら、他の人の足りないところを補い合って進んでいく教会には、成熟した愛が現されています。

教会が成熟して、愛によって結び合わされている姿。それが現実になるときに、教会に一致が生み出されていきます（一三節）。平和の絆で結ばれるとき、一致が生まれます（三節）。神がキリストにあって、天にあるもの、地にあるものをことごとく一つにしてくださる（一・一〇）ひな形が、地上にある教会なのです。教会に一致を生み出すために、神は人を備え、賜物を備えておられるのです。そして、全被造物の一致は教会から動き始めるのです。

ここで注意していただきたいのは、一致とは、皆が同じことをするのではないということです。からだの動きにおける一致こそ教会の一致です。

ボールを投げるときに、すべての筋肉が一緒に同じ方向に動くのではありません。順々に、うまくタイミングを取り合って順次、動きます。

良いもてなしをするレストランは、入り口、席への案内、注文と最初の飲み物、音楽、厨房、次の食事とそのフォロー、片づけ、それぞれが違った動きをしつつも、実に見事に連携が取れています。

違った働きをする部分が、見事に連携し合う　致こそが教会の一致です。自分とは違う「あなた」なしには進むことができない、という自覚に立った一致こそが教会の一致なのです。

一六節にあるように、神が下さった力、実にキリストをよみがえらせた力によって、しっかり組み合わされ、見事に連携し、そして成長していく姿こそ、キリストのからだである教会、神の家族である教会に、神が求めておられることです。うまく調整されていないロボットのようなぎこちない動きではありません。イチロー選手のバッティングフォームのような、なめらかで、しなやかな動きをする教会です。

成熟への招き

神が私たちを招待してくださいました。そして、私たちそれぞれに賜物を与えてくださいました。それは、神が招いてくださった教会が成熟するためです。教会にあなたが必要だからこそ、神はあなたを招待して、教会に加えられました。

そして、私たちを招いた神が与えてくださっているそれぞれへの恵みの賜物が、何よりも今、必要です。成熟していない教会に今、必要です。神は私たち一人ひとりを、「その召しにふさわしく歩みなさい」（一節）と招いておられます。

召しにふさわしい歩みのために心に留めるべきことは何でしょうか。それは、謙虚さ、柔和、寛容です（二節）。

私がクリスチャンであるのは、神が招待してくださったからで、自分に何かがあるのではない、という謙虚さ、神の恵みに生かされていることを知っている人のもつ謙虚さです。自分とは異なる隣人のために私があるということを知って、隣にいる人の必要に心を向ける柔和さ、「あなたのために何ができるのか、知らせてください」と祈る柔和さ、「私がその人のためにしたいこと」ではなく、「その人が今必要としていること」を知る柔和さです。

私たちがまだ成熟に達していない、という現実を知ったうえで、足りないところを祈りながら忍んでいく寛容さ、愛によって互いに忍び合う寛容さ、自分とは違う「あなた」こそが必要だ、と隣の人に言える寛容さです。

今、神が私たちの教会に求めておられるのも、この三つではないでしょうか。

私たちを教会に招待してくださった神は、私たちが教会として成熟していくように願っておられます。そして、そのために必要なものを備えてくださっています。神の愛に拠り頼みながら、愛によって結ばれた教会として成熟できるように、進んでいきましょう。子どもじみたところから卒業させていただいて。

7　新しい人を着よう

〈エペソ四・一七〜三二〉

「ですから私は言います。主にあって厳かに勧めます。あなたがたはもはや、異邦人がむなしい心で歩んでいるように歩んではなりません。彼らは知性において暗くなり、彼らのうちにある無知と、頑なな心のゆえに、神のいのちから遠く離れています。無感覚になった彼らは、好色に身を任せて、あらゆる不潔な行いを貪るようになっています。しかしあなたがたは、キリストをそのように学んだのではありません。ただし、本当にあなたがたがキリストについて聞き、キリストにあって教えられているとすれば、です。真理はイエスにあるのですから。その教えとは、あなたがたの以前の生活について言えば、人を欺く情欲によって腐敗していく古い人を、あなたがたが脱ぎ捨てること、また、あなたがたが霊と心において新しくされ続け、真理に基づく義と聖をもって、神にかたどり造られた新しい人を着ることでした。

ですから、あなたがたは偽りを捨て、それぞれ隣人に対して真実を語りなさい。私たちは互いに、からだの一部分なのです。怒っても、罪を犯してはなりません。憤ったままで日が暮れるようであってはいけません。悪魔に機会を与えないようにしなさい。盗みをしている者は、もう盗んではいけません。むしろ、困っている人に分け与えるため、自分の手で正しい仕事をし、労苦して働きなさい。悪いことばを、いっさい口から出してはいけません。むしろ、必要なときに、人の成長に役立つことばを語り、聞く人に恵みを与えなさい。神の聖霊を悲しませてはいけません。あなたがたは、贖いの日のために、聖霊によって証印を押されているのです。無慈悲、憤り、怒り、怒号、ののしりなどを、一切の悪意とともに、すべて捨て去りなさい。互いに親切にし、優しい心で赦し合いなさい。神も、キリストにおいてあなたがたを赦してくださったのです。」

新しい靴に履き替える

新しい靴を買って、履き始めたとき、靴擦れに悩まされたことはありませんか。靴擦れがあまりにひどくて、もうその靴を履かなくなることがあるかもしれませんし、いろいろな工夫をして、足が靴に慣れるまで待つかもしれません。人それぞれの対処方法があるでしょう。

クリスチャンとしての歩みも、新しい靴を履き始めることに似ています。その歩みを進めるなかで、靴擦れのような症状を起こすことがあり、その靴擦れのような症状に対して、人それぞれ違った対応をするのです。

以前と変わらない姿——異邦人のような歩み

私たち一人ひとりはそれぞれ違った人生を送ってきました。そして、これまでの歩みを通してそれぞれの生き方を培ってきました。ですから、人とはこう関わろう、問題に直面したらこう対処しよう、と意識的に決めているのではないにしても、自分流の生き方をだれでももっています。そして、これが普通、当たり前である、と思っています。まさに古い靴に慣れた足のように、そんな生き方がからだに染みついています。

ところが、洗礼を受け、クリスチャンとなり、教会に加えられました。古い靴を捨てて、新しい靴を履き始めました。しかし、生き方は全く変わりません。それで、周りの人から「あなたはそれでもクリスチャンですか」と言われてしまうのです。

現代に生きる私たちだけでなく、二千年前のエペソの教会の人々にも、同じようなことが起こっていました。彼らはユダヤ人ではなく異邦人で、当時のローマ社会の一般的な人たちの生活様式でこれまで歩んできました。そのような彼らが福音を聞き、キリストを信じ、クリスチャンになりました。神の家族、教会に加えられました。けれども、その生き方はどうでしょうか。これまでの「異邦人」としての生き方（歩き方）から何も変わっていなかったのです。そして、そのことに気づいているパウロは率直にそれを指摘するのです。「異邦人がむなしい心で歩んでいるように歩んでいる」（一七節）と。

エペソの教会の人々の異邦人のような歩みとは、具体的にはどのようなものを指していたでしょうか。二五〜三二節から、いくつかのことが推測できます。

まず、その言葉です（二五、二九節）。自分の都合が悪くなると嘘をつく、人を傷つけるような言葉を平気で語っていたのでしょう。

次に、その怒りです（二六節）。不正を見いだしたとき、それに対して怒ることは悪いことではありません。ところが、だれかに対して継続して怒り続け、それをやめようとはせず、むしろ、あたかも怒りと憎しみが自分を支えているかのような状況に陥っていたら、どうでしょうか。そのような状況になれば、「罪を犯す」ことに至ります。

そして、その自己中心性です（二八節）。自分だけが良ければいい、自分の家族だけが良ければいい、自分の国だけが良ければいい。周りの人のことなど、なんら気に留めない。そして、人にあわれみの心を示すことなく、日々憤りと悪意、人を悪く言って貶めることばかりを行っています（三一～三二節）。

どのような社会も、これらの生き方を積極的に奨励することはないでしょう。日本でもそうですし、エペソでもそうです。しかし実際の行動を見ると、人を傷つける言葉を語り、周囲への怒りと憤りに満ち、自分のことだけしか考えていないのです。推奨されていない生き方が当たり前になっているのです。

このような姿を、パウロは「むなしい心で歩んでいる」（一七節）と言っています。そのため、「知性において暗くなる」、「無知」、「頑なな心」（一八節）、「（道徳的に）無感覚」、「好色に身を任せる」、「あらゆる不潔な行いを貪る」（一九節）ようになっているというのです。

自分のことしか考えず、自分勝手に生きています。ところが、それは同時に、周りの生き方に流されてもいるのです。「むなしい心」、すなわち空っぽの心の人はこのように生きています。さらに、「自分の思うとおりにして何が悪い」と言って、人の話を聞かない人もいるかもしれません。それは、「頑なな心」です。「自分の金を自分のために使って、何が悪い」と言って、貧しい人に対して思いやりを示さないのです。隣人とその状況に対して無感覚になっているのです。さらに、性的に混乱した歩みを継続するのです。みんなが自分勝手に生きているから、私もそうする、そんな歩みです。

私たちはクリスチャンと自称しながら、むなしい心で歩み続けてはいないでしょうか。頑なな心ではないでしょうか。クリスチャンとなる前とほとんど変わらない歩みをし、生き方において世間の人々と何の違いもないのではないでしょうか。周りに流されて、自分勝手に生きてはいませんか。クリスチャンとなって、あなたの生き方は変わりましたか。

パウロは、以前とほとんどその歩みが変わらない私たち、そしてエペソの教会の人々に向かって「しかしあなたがたは、キリストをそのように学んだのではありません」（二〇節）と断言するのです。

新しい姿へ――教会の民であるということ

「しかしあなたがたは、キリストをそのように学んだのではありません」と言われてしまう状況を靴のたとえで言うと、どうなるでしょうか。古い靴に慣れた足に新しい靴を履き始めたのです。当然、これまでのものとは異なりますから、靴擦れが起こります。そのとき、新しい靴に足を合わせるように忍耐強く向き合うのか、それとも新しい靴を捨てて、慣れ親しんだ古い靴に戻るのか、選ばなければなりません。

エペソの人たちは、新しい靴を履いたことにさえ気づいていませんでした。しかしパウロは、新しい靴を履いたのだから、あなたの足を新しい靴に合わせるように忍耐強く自分の歩みと向き合いなさい、と勧めています。つまり、新しい歩みを選び取りなさい、と。

それでは、選び取るべき新しい歩みとは、具体的にどのようなものなのでしょうか。それは、二五～三二節で語られています。

まず、言葉です。「隣人に対して真実を語る」（二五節）ということです。

どれだけ、私たちは隣人に対して真実を語っているでしょうか。表面では良いことを言っていても、陰では「あんなことを言われた、こんなことをされた」と真実を語っていないことはないでしょうか。あるいは、「面倒臭い」からと、何も言わなくなっていることはないでしょうか。

二九節に、「悪いことば」でなく、「人の成長に役立つことば」を語るように、とあります。真実にも語り方があります。優しく語る、同情して語る、批判して語る、などです。私たちは、その人が生かされ、人格として整えられ、成長するような言葉で真実を語っているでしょうか。私たちは真実を語る段になると、相手を傷つけるような形で言ってしまいがちです。夫婦喧嘩、親子喧嘩、きょうだい喧嘩などはその好例かもしれません。しかし私たちは、相手が成長できるように真実を語ることを努めるように招かれています。

次に、憤りです。

怒ってもよいのですが、それを次の日まで残してはいけません（二六〜二七節）。怒り続けることは、結果として、悪魔に誘惑の機会を与えてしまうからです。怒り、憤りが残らないように、ちゃんと解決への道を進むのです。ところが多くの場合、怒りをそのまま放置しているのではないでしょうか。いつまで経っても憤り続けているために、神の霊である聖霊を悲しませているのではないでしょうか（三〇節）。共におられる神が私たちの姿を見て、嘆かれます。憤りを解決しようとしないならば、結果的に、間違った行動を取ってしまうことがあるからです。

そして、隣人との関わりです。

二八節は、単に盗んではいけない、という命令ではありません。自分が働いて得たものをどのように用いているのか、と問うているのです。自分のためだけに使っているでしょうか。それともだれかとそれを分かち合っているでしょうか。私たちは、人と分かち合うことに慣れていません。ささげることに慣れていません。そして、自分のために用いることばかり考えているのです。

さらに、情け深さ、あわれみ深さ、赦す姿勢です（三二節）。相手の過ちも受け入れていく歩み、そういう意味での「親切」な生き方です。

聖書は、キリストに学んだ歩みがどのようなものであるかをはっきりと記しています。

それはまとめてみると、「お互いが一つのキリストのからだである」ことを意識して生きる生き方です。隣人を助け、隣人をあわれみ、隣人が成長できるように歩むことです。隣人の幸いと成長こそが、自分の幸いと成長なのです。そして、目下の者と思える人からも教えられる謙遜な生き方です。私たちとともにおられる聖霊は、そのような生き方を喜んでくださいます。

けれども、キリストに学んだ生き方と、自分の現実の生き方を見つめるときに、新しい靴を履いていても、自分の足が古い靴に慣れたままであることに気づきます。そして、靴と足が擦れ合って、靴擦れを起こしていることがわかります。キリストに学んだあるべき姿と自分とのギャップに、愕然とします。「クリスチャンの人生はこんなものだ」とあきらめてはいないでしょうか。クリスチャンという新しい靴を、もう面倒臭いからやめようと思っていないでしょうか。それとも、靴擦れのまま生きようとしていないでしょうか。現実にギャップがあって、それを当然だとして開き直っていないでしょうか。

神が造ってくださった新しい人を着る——恵みと信仰

だれが、足になじまない靴で歩き、靴擦れを起こし続けることを願っているでしょうか。

だれが、新しい靴を捨てて、古い靴に戻ることを願っているでしょうか。だれもが、足が新しい靴になじみ、新しい靴で靴擦れを起こさずに歩くことを願うでしょう。同じように、クリスチャンとされたのだから、キリストに学んだ生き方を私たちが学び、そのように歩み始めるように、とパウロは願っています。

では、どうすればよいのでしょうか。私たちに対するヒントが二一～二四節に書かれています。

私たちはクリスチャンになっていても、「むなしい心」のままで歩いています。ですから、私たちの生き方はそれまでと全く変わらないのです。けれども、私たちの心は変わることができます。正確に言うと、その心は変えられうるのです。二三節に「霊と心において新しくされ」とあります。心が変わる、むなしい心が、その一番深いところにおいて変えられます。そして、私たちを生かす霊が変わります。

だれが私たちの霊と心を変えるのでしょうか。自分で変えるのではありません。自分でできたとしたら、もうとっくに変わっていることでしょう。神が変えてくださるのです。神によって「新しくされ」るのであって、私が自分で「新しくする」のではありません。

「古い人」が脱ぎ捨てられ（二二節）、「新しい人」が造られます（二四節）。義と聖が備えられます。靴のたとえで言うならば、新しい靴に合うように足が造り変えられていくのです。パウロは、靴ではなく服のたとえによってこれを表現しています。新しい服にふさわしい、新しい生き方が私たちの内に生み出されていくのです。神が私たちのうちに、そのような生き方を造ってくださるのです。

足に靴が合わないと感じて、なんとか自分で足を変えようとしても、うまくいきません。同様に、神は、その恵みによって、私たちの心の深いところを新しいものとし、新しい生き方を私たちの内に造り出してくださいます。そして、「神にかたどり造られた」姿、「神のかたち」が私たちの内に回復されていきます。新しい靴に合った新しい足になるように、クリスチャンに合った神のかたち、すなわちキリストのかたちそのものが回復され、それに生きることができるようにしてくださるのです。

ですから、キリストに学んだ新しい生き方をしたい、と願うならば、自分を変えようと思ってはいけません。なぜなら、自分で自分を変えることはできないからです。「神よ、心を、そして私たちを生かす霊を、あなたが変えてください」と祈りつつ、神の恵みを喜んで受ける決意をすることです。神はあなたを、あなたの心を、そして生き方そのものを変えることがおできになります。「心」が変えられ、「新しい神の霊」に生かされていくとき、神が私たちを変えてくださいます。「心」が変わり、その結果として、「生き方」が変わるのです。「生き方」だけを変えようとしても、それは無理なことです。

「神が新しくしてくださる、新しい人を生み出してくださる」という恵みが現実となるために、私たちに必要な決断とは何でしょうか。それは、「古い人を脱ぎ捨て、新しい人を身に着る」決断です。着替えるのを嫌がる子どもの服を着替えさせることほど難しいことはありません。けれども、着替えたい、と思っている子どもの服を替えるのは簡単です。神は私たちの意志を越えて、何かをしようとはなさいません。いつも私たちに聞いておられます。「あなたはわたしに何をしてほしいのか」と。そして、私たちの口先だけの願いではなく、心の奥の願いを聞いておられます。「主よ、本当に私は新しい生き方が欲しいのです。……他の何をも失っても、それが欲しいのです。……ですから、古い人を脱ぎます。新しい人を着ます。……あなたが私を変えてください」という願いを。信仰をいただいて、そのような生き方を選び始めるとき、新しい歩みが始まります。

信仰とは、神にしか私たちの心を変えることはできないと信じて、「変えてください」と神の前に自らを投げ出すことです。

本当に変わりたいか

信仰歴の長い人、短い人、いろいろおられるでしょう。けれども、皆さんすべてに共通して言えることがあります。それは、今のままでよい人、造り変えられなくてもよい人は一人もいないということです。一人ひとりが、そして一人ひとりが集められているこの教会が今のままでよいはずはありません。神によって新たにされて、変えられなければいけません。そして、神はそのことを願っておられます。

神は私たちに問いかけられます。「あなたは、あなたがたは、本当に変わりたいのですか」と。「他の何もかもどうなってもよいから、本当に変わりたい、新しい生き方を歩みたい」と願っているでしょうか。変わることを恐れて、心から願っていないということはないでしょうか。

私たちが変えられない本当の原因は神にはありません。それは私たちの内にあります。もう一度、自分を見つめ直しましょう。そして新しい信仰の一歩を進んでいきましょう。

8　光の子どもとして歩む

〈エペソ五・一～二一〉

「ですから、愛されている子どもらしく、神に倣う者となりなさい。また、愛のうちに歩みなさい。キリストも私たちを愛して、私たちのために、ご自分を神へのささげ物、またいけにえとし、芳ばしい香りを献げてくださいました。

あなたがたの間では、聖徒にふさわしく、淫らな行いも、どんな汚れも、また貪りも、口にすることさえしてはいけません。また、わいせつなことや、愚かなおしゃべり、下品な冗談もそうです。これらは、ふさわしくありません。むしろ、口にすべきは感謝のことばです。このことをよく知っておきなさい。淫らな者、汚れた者、貪る者は偶像礼拝者であって、こういう者はだれも、キリストと神との御国を受け継ぐことができません。だれにも空しいことばでだまされてはいけません。こういう行いのゆえに、神の怒りは不従順の子らに下るのです。ですから、彼らの仲間になってはいけません。あなたがたは以前は闇でしたが、今は、主にあって光となりました。光の子どもとして歩みなさい。あらゆる善意と正義と真実のうちに、光は実を結ぶのです。何が主に喜ばれることなのかを吟味しなさい。実を結ばない暗闇のわざに加わらず、むしろ、それを明るみに出しなさい。彼らがひそかに行っていることは、口にするのも恥ずかしいことなのです。しかし、すべてのものは光によって明るみに引き出され、明らかにされます。明らかにされるものはみな光だからです。それで、こう言われています。

『眠っている人よ、起きよ。
死者の中から起き上がれ。
そうすれば、キリストがあなたを照らされる。』

ですから、自分がどのように歩んでいるか、あなたがたは細かく注意を払いなさい。知恵のない者としてではなく、知恵のある者として、機会を十分に活かしなさい。悪い時代だからです。ですから、愚かにならないで、主のみこころが何であるかを悟りなさい。また、ぶどう酒に酔ってはいけません。そこには放蕩があるからです。むしろ、御霊に満たされなさい。詩と賛美と霊の歌をもって互いに語り合い、主に向かって心から賛美し、歌いなさい。いつでも、すべてのことについて、私たちの主イエス・キリストの名によって、父である神に感謝しなさい。

キリストを恐れて、互いに従い合いなさい。」

信仰と生き方は切り離せない

「信仰は心の問題である」とよく言われます。けれども、本当にそうでしょうか。実際のところ、多くの人はそうとは思っていません。たとえば、信仰や宗教に関わる人が問題を起こすと、聖職者がそんなことをする、と責めます。宗教に関わること以外、たとえば駐車場などで大もうけをしている神社仏閣があると、文句を言う人がいます。牧師が何かのスキャンダルを起こすと、教会を追われます。信仰は心の問題にとどまりません。いつもその人の生き方と深く関わっています。

聖書もそうです。決して心の問題だけを扱っているわけではありません。たとえば今日読んでいただいた箇所を見てみましょう。「神に倣う者になりなさい。……愛のうちに歩みなさい」(一～二節)。倣う者、似た者となるとは、まさに生き方です。歩くとは、生きる・生活するという意味です。聖書は心と生き方の両方を扱っているのです。そして、どのような歩みを目指すべきなのかを私たちに問いかけています。

「生き方、歩み」と聞くと、窮屈さを覚える方がおられるかもしれません。ちゃんとした歩みをできないからこそ、キリストにすがるのだ、と考えているからでしょうか。けれども聖書は、私たちが現在のままで変わらなくていいと言っているわけでもなく、逆に、何かの決まりを守って生きれば、それでもう問題はない、と言っているわけでもありません。普段の生活を、普段の人との接し方を、どうしていますか、と問い、かつての歩みからは変わっていますか、と問うのです。ですから、決まりを守ればいいのではなく、普段からどのように人と接しているか、自己吟味してみなさい、と問うのです。

それでは、今日の聖書の箇所で私たちに求められている、神に倣う生き方、愛のうちに歩むとは、どのようなものなのでしょうか。

光の子どもとなる――キリストの光に照らされること

今日の聖書の箇所の中心となるみことばは八節です。「光の子どもとして歩みなさい。」光の子どもであるのだから、それにふさわしい生き方をしなさい、という意味です。

そうすると、「光の子どもとして歩く」ためには、まず「闇であった者が、光の子どもとなる」ことが大切となります。光の子どもとなっていなければ、光の子どもとして歩む必要はありませんし、そのように歩むこともできません。自分は光の子どもとなっているという確信がないとしたら、まず、どうすれば光の子どもとなることができるのかを考えるべきでしょう。洗礼を受けている、受けていないという問題に限定されるわけではありませんし、教会に熱心に来ている、長く来ているから大丈夫だ、というわけにもいきません。

それでは、光の子どもとなるとは、どういうことでしょうか。一三〜一四節に、そのことが書かれています。

まず、「明るみに引き出される」こと、隠れて行っていることが明らかにされること、光であるキリストの前に引き出されることです。そうすれば、「すべては光によって明るみに引き出され、明らかにされ」、光の子どもとなることができます。

ここで問われることは、自分のうちにある暗闇がはっきりとキリストの前にさらされているか、それとも、隠されたままになっているか、です。自分のうちにある暗闇が、だれも戸を開けることのない蔵の奥にしまわれているような状態になっていないでしょうか。神の前にも、キリストの前にも隠そうとしてはいないでしょうか。隠し続けているならば、私たちは「眠っている」状況、つまり「死んでいる」状況にあります。肉体的には死んではいませんが、現実は来たるべき死を先取りしているのです。暗闇と死に従っています。生き方においては、私たちの歩みはもうすでに死んでいて、死という名の滅びに向かって進んでいます。

では、自分の心の、今までの行動の闇の部分に、光を照らしていただくと、どうなるでしょうか。つまり、自分の暗闇、すなわち罪を自ら認めると、どうなるでしょうか。

自分の闇の部分を認めないで、ごまかし続けているならば、何かのきっかけで、隠している部分が悪臭を放ち始めます。そして、あなたのうちにある闇は、あなたをさらに傷つけ、周りの人をも傷つけていきます。しかし、神によって明るみに出していただき、自分の闇の部分に光が照らされ、それを自ら認めたとき、神のお取り扱いが始まります。光の子どもとなるのです。

あなたは、キリストの光に照らされているでしょうか。自分の中にある暗闇に気づいているでしょうか。

もちろん、今までひた隠しにしてきたことを明らかにするのは難しいことです。このことが明らかになって、責められたらどうしよう、恥ずかしい、皆を失望させたらどうしよう、といろいろな心配があるでしょう。しかし、あなたに光を当て、それを明るみに引き出そうとする方は、あなたを引きずり下ろし、苦しめるためにそうしておられるのではありません。この方は、「私たちを愛して、私たちのために、ご自分を神へのささげ物、またいけにえとし、芳ばしい香りを献げてくださった」（二節）方です。異邦人を心から愛してくださった方、ユダヤ人のために自らを十字架の上で犠牲として献げられた方です。

そのような方が、あなたが自分から進んで光のもとにさらしたあなたの隠された部分を非難し、責めるでしょうか。そんなことはありません。

ですから、心配しないで、キリストの光に照らしていただきましょう。そして、暗闇を明るみに引き出していただき、自らそれを認めることができるようにしていただきましょう。

そのようにして、私たちはキリストに照らされた光の子どもとなります。そして、「光の子どもとして歩む」ことが可能となります。死者の中から起き上がった者、キリストの光に照らされた者として、歩むのです（一四節）。復活のいのちを先取りすることができるのです。実は、光の子どもとして歩むとは、終わりの日に与えられる復活を先取りして生きる生き方を指しているのです。

光の子どもとして歩みたいのなら、愛のうちに歩みたいのなら、自分の隠されている部分を明るみに引き出していただき、その部分に気づかせていただくことです。そうしなければ、いつまで経っても同じことを繰り返すだけです。

光の子どもとしての歩み

キリストに照らされて光の子どもとなったとき、どのような歩みが可能となるのでしょうか。ここには否定的な表現と肯定的な表現があります。

まず、否定的な表現（「～であってはならない」）から見てみましょう。

三～四節に、「淫らな行い」、「汚れ」、「貪り」とあります。エペソの町も現代の日本と同様に、性的に乱れていました。けれども、その乱れから自由になることができる、と語っています。汚れた者、「キリストと神の御国を受け継ぐことができない」者（五節）ではなくなるのです。

そして、「わいせつなことや、愚かなおしゃべり、下品な冗談」（四節）、「空しいことば」（六節）ともあります。聞いていて、その人の人格を疑いたくなるような言葉を避けなさい、とパウロは語っています。

普段からもそうですが、いざというときに、どのように語るかでその人の人格がわかります。たとえば、いつもは穏やかなのに、ひとたび憤ると、ひどい言葉を語る人がいます。そのような場面に立ち会うと、私たちはその人の人格を疑ってしまいます。さらに、語った言葉を守らない口先だけの人もいます。光の子どもとして歩むとき、このような生き方から自由にされます。穏やかで、人を建て上げる言葉を語り、語ったことを確実に行うのです。

次に、肯定的な表現を見ていきましょう。

キリストの光に照られた歩み、すなわち復活を先取りした歩みをしている者は、神への「感謝のことば」（四節）を語ります。光の子どもとしてくださり、愛してくださり、キリストを犠牲としてくださった神への「感謝のことば」がその人からあふれ出てきます。

そして、「善意と正義と真実」（九節）と続きます。あらゆる良いこと、あらゆる真実なこと、すなわち信頼に足ること、あらゆる正義、すなわち神のみこころにかなうことが、その人の歩みとなっていきます。

感謝、善意、正義、真実という美徳が素晴らしいことを改めて語る必要はないでしょう。だれが聞いても、このように生きたいと思うでしょう。そして、これらが自分の内から自然に流れ出てこない現実にもすぐに気づくことでしょう。けれども、キリストに照らされ、光の子どもとなったとき、その人の内に、これらの人格が生み出されていきます。それは、復活の力がその人の生き方の中に浸み出てきたものなのです。キリストによって実現した復活が、そして終わりの日に与えられる復活が、人格という形で先取りされていくのです。

知恵のある者としての歩み

光の子どもとしての生き方、歩き方で、もう一つの肯定的な表現があります。それは「知恵のある者」として（一五節）歩むということです。

「知恵のある」とはどういう意味でしょうか。聖書が言う「知恵」とは、たくさんの知識をもっていることではありません。この世界で神のみこころにかなった生き方をしている人、神のみこころにかなった「知恵のある」人生の操縦法を知り、それを実践している人こそ、知恵のある人です。

具体的には、どのような生き方を知恵のある生き方と呼んでいるのでしょうか。まず、注意を細かく払う生き方、今の時を生かして、機会を十分に活かして用いる生き方です（一五～一六節）。

今を見分ける目、すなわち識別力をもっているでしょうか。今は「悪い時代」です。もちろん、「悪い時代」は今始まったものではありません。もう二千年も悪い時代が続いています。今、自分の周りを見るとき、メディアに流されてしまっている人がいることに気づきます。言論を封殺しようとする人がいますし、それに対して何の反対もしない政治家がいます。子どもたちや若い世代の寒々しい行動がある一方で、人に「だめだ」と指をさしながら、それほど違っていないことを自分でもしている人たちがいます。現在のままでいいと思っている人が多くいます。しかし、今は悪い時代です。ですから、今のままで良いわけではありません。

今がどのような時か、どのような現実なのか、私たちは知らなければなりません。愚かな者のように惰眠を貪るのではなく、今の時を知る批判力と、いま私たちに主が求めておられることは何であるのかを知る識別力と、それを実現する実行力が求められています。

さらに、「知恵のある」生き方は、聖霊に満たされた歩みです（一八節）。

聖霊に満たされた歩みが「酒に酔う」ことと対比されていることは、とても示唆に富んでいます。酒に酔うと、酒に影響されます。乱行をしても、あとで自分が何をしていたのか覚えていません。酒の勢いで普段ならできないことやしないこと、果ては、してはならないことをしてしまいます。

パウロはここで、酒に影響されて生きることではなく、神の霊である聖霊に影響されて生きることを勧めています。神の力に支えられる歩みです。主に背くことを人々が勧める時代にあっても、主のみこころにかなった生き方をすることができるのです。キリストの犠牲にふさわしい、愛のうちを歩むことができるのです。聖霊のゆえに、自分ではできなかったことができるようになります。

具体的な例が一九〜二〇節に記されています。

まず、賛美と感謝を共に語り合います。私たちはいつも集まったとき、何を話しているでしょうか。愚痴を言う、悪口を言う、不平を言うということばかりではないでしょうか。しかし、光の子どもとなり、知恵ある者として歩み始めるとき、私たちの言葉に変化が生まれてきます。神への感謝が生まれてきます。光の子どもとなったからといって、すぐに自分が置かれている状況が良くなることはありません。それでも、神への感謝の言葉が口からあふれてきます。状況に関わらず、そうなります。聖霊の力によって、神の素晴らしさを実感できるようになるからです。そして、神への賛美が生まれてきます。神は偉大な方です、素晴らしい方です、と語り続けることができるようになります。

私たちの口からどのような言葉が出ているでしょうか。もちろん、それは一朝一夕で変わるものではないでしょうし、自分の力で頑張っても簡単に変わるものでもありません。けれども光に照らされ、光の子どもとなったとき、神は私たちに変化をもたらしてくださいます。

光であるキリストの前に出ること

光の子どもとしての歩みについて、みことばに耳を傾けてきました。どう思われたでしょうか。きっと、そのような歩みは素晴らしいものである、と感じるのではないでしょうか。

光の子どもとしての歩みは、淫らな行い、貪り、悪口、人を傷つける言葉といったものから解放された歩みです。今の時を知り、神のみこころにかなった知恵のある歩みです。口からは神への感謝、賛美があふれ、善意と正義と真理に満ちた歩みです。将来与えられる復活のいのちを今生きる歩みです。

一朝一夕でこれが実現することはないでしょうし、自分の力でがんばって到達しようとしても、それは破綻します。しかし、光の子どもとなったとき、神はこうした歩みができるようにしてくださいます。私たちがこのように変わるために、神は私たちを愛し、キリストを犠牲として献げてくださったのですから。

ですから、私たちはもう一度、自らに問いかけたいと思います。自分は光に照らされ、光の子どもとなっているだろうか、暗闇の中にとどまっていないだろうか、と。

私たちは光の子どもとして生きるために、まず光であるキリストの前に出させていただきましょう。それ以外に、光の子として歩み始める道はありません。

9　キリストが愛されたように

〈エペソ五・二一～三三〉

「キリストを恐れて、互いに従い合いなさい。

妻たちよ。主に従うように、自分の夫に従いなさい。キリストが教会のかしらであり、ご自分がそのからだの救い主であるように、夫は妻のかしらなのです。教会がキリストに従うように、妻もすべてにおいて夫に従いなさい。

夫たちよ。キリストが教会を愛し、教会のためにご自分を献げられたように、あなたがたも妻を愛しなさい。キリストがそうされたのは、みことばにより、水の洗いをもって、教会をきよめて聖なるものとするためであり、ご自分で、しみや、しわや、そのようなものが何一つない、聖なるもの、傷のないものとなった栄光の教会を、ご自分の前に立たせるためです。同様に夫たちも、自分の妻を自分のからだのように愛さなければなりません。自分の妻を愛する人は自分自身を愛しているのです。いまだかつて自分の身を憎んだ人はいません。むしろ、それを養い育てます。キリストも教会に対してそのようになさるのです。私たちはキリストのからだの部分だからです。『それゆえ、男は父と母を離れ、その妻と結ばれ、ふたりは一体となるのである。』この奥義は偉大です。私は、キリストと教会を指して言っているのです。それはそれとして、あなたがたもそれぞれ、自分の妻を自分と同じように愛しなさい。妻もまた、自分の夫を敬いなさい。」

夫婦の関わりをどうするのか

人にたいへん気を遣うことで有名なある牧師に尋ねたことがあります。「お連れ合いには気を遣いますか？」と。すると、「全然気を遣っていません」と答えられました。「自分を含めて、皆さんそんなものだろう」と笑わざるをえませんでした。

家族との関係、特に夫婦の関係が大切であることは、皆よくわかっています。けれども、現実にはうまくいっていないことが少なくありません。たとえば、職場などではたいへん人当たりがいいのに、家族との関係は意外にうまくいっていない人に出会うことがあります。また、夫婦の間が冷えきった人の話はよく聞きます。クリスチャンも例外ではありません。

では、どのように私たちは配偶者に向き合えばよいのでしょうか。神からの恵みが可能とする向き合い方があるのでしょうか。

新約聖書には、夫婦の関わりについてどうあるべきかについて、何か所か記されています。今日のみことばはその代表とも言えるものです。この箇所を学びながら、自らの姿を点検させていただきたいと思います。

キリストに対する恐れの心をもって互いに仕え合う

さて、二二〜三一節は、夫婦に対する勧告です。結婚式でもよく読まれます。この勧告だけが取り上げられる場合が多くありますが、エペソ人への手紙の文脈に注意を払うとき、直前の二か所と深く関わっていることに気がつきます。

まず、一八節、「御霊に満たされなさい」です。聖霊に満たされた歩みとは、神に導かれつつ、神の力によって神とともにある歩みです。このような歩みが夫婦関係において具体的にどのようなものになるのかが、二二〜三一節に綴られています。

もう一つは、二一節、「キリストを恐れて、互いに従い合いなさい」です。一七節と繋げるならば、「御霊に満たされた」歩みこそ「キリストを恐れて、互いに従い合う」歩みです。そして、「キリストを恐れて、互いに従い合う」、特に「互いに従い合う」という勧めを夫婦関係に具体的に適用しているのが二二〜三一節です。言い換えるならば、夫婦関係のあるべき姿が二一節にまとめられていると言ってもよいでしょう。端的に言うと、夫婦ともにキリストを恐れて、互いに従い合うのです。

今日はこの箇所から二つのことを考えていきましょう。まず、キリストが何をなさったのか。次に、キリストのわざのゆえに、私たちはどのような歩みに招かれているのか、です。

キリストと教会

では、キリストがなさったことを考えてみましょう。

この箇所に書かれているのは、キリストと教会、すなわち神が招き、それゆえにキリストを信じ、愛している人たちの集まりの関係です。ですから、キリストと教会との関係こそが、あらゆる家族関係、さらには人と人との関係のモデルであり、私たちが見習うべき姿です。

まず、キリストは教会を愛しておられます。二五節に「キリストが教会を愛し」とあります。「愛する」とは「相手を大切にすることである」と、以前お話ししました。相手の意志に反して、自分の思うとおりにその人を動かそうとすることは愛することではありません。むしろ、相手を大切にし、その人が最大限に輝くよう助け、ときには相手の選択を尊重することこそ、愛することです。そのようにキリストは、教会を、つまり、ご自身を信じ、愛している人々とその集まりを、心から愛しておられるのです。大切にしておられるのです。

それでは、どのような形でキリストは教会に対する愛を現しておられるのでしょうか。それは、キリストが自らを献げられることによってです。教会が素晴らしいものとなるために、キリストは自らを献げられたのです。

「キリストが教会を愛し、教会のためにご自分を献げられた」（二五節）とあります。「愛は惜しみなく奪う」と言われますが、この愛の定義は間違っています。キリストにおいては、「愛は惜しみなく与える」のです。キリストは自らの破産を覚悟で惜しみなく与えられたのです。自らを十字架の上で献げられたのです。「こんな人のために自分のいのちを犠牲にするのは愚かだ」と私たちが思うような人々のためにも、キリストは自らを献げられました。

ただし、キリストは目的をもって、このことをなさいました。単なる自己満足のための自己犠牲ではありません。むしろ、教会を素晴らしいものとするという目的です。「みことばにより、水の洗いをもって、教会をきよめて聖なるものとするため」（二六節）、「しみや、しわや、そのようなものが何一つない、聖なるもの、傷のないものとなった栄光の教会を、ご自分の前に立たせるため」（二七節）とあります。しみ、しわがあり、神以外の存在のものとなっており、傷だらけで、輝いていない、そのような私たちを変えて、神と世界にとって素晴らしいものとするために、キリストは自らを献げられました。

「聖なるものとする」「ご自分の前に立たせる」とあります。これには、神に属する特別なものにするという意味です。ちょうど、王が王妃となる女性をその立場にふさわしい者として整えるように、キリストは教会を整えて、キリストの前に立つのにふさわしい者とするために自らを献げられたのです。

二三節に、「キリストが教会のかしらであり、ご自分がそのからだの救い主である」とありますが、これも二六〜二七節と同じことを語っています。救い主の「救う」とは、私たちを整えて、ふさわしい者とすることを指しています。

このように、キリストは自らを十字架で献げることによって教会を愛してくださいました。かつては神に全くふさわしいものではなかった教会を整えて、神にふさわしいものとするためです。

なぜ、キリストはそこまで愛してくださったのでしょうか。それは、三〇節にあるように、「私たちはキリストのからだの部分だからです」。教会が自らのからだだから、キリストはそこまでなさったのです。自らのからだを整えるために最善を尽くされたのです。他人のものであるならば、そのままにしておいたかもしれません。しかし、教会がご自分のものであり、ご自身のからだそのものであるからこそ、キリストは自らを献げてまでして、整えられたのです。

互いに従い合う

キリストは自らのからだである教会を愛し、教会が整えられるようにと自らを犠牲にされました。このようなキリストと教会の関係は、夫婦の間のあるべき関係を反映しています。具体的には、どのようなかたちで反映しているのでしょうか。

まず、妻に対する勧告から見てみましょう（二二〜二四節）。

注意すべきなのは、これらの勧告が「妻に対して」、そのあとに「夫に対して」書かれている点です。つまり、妻と夫の両方に対しての勧告です。夫婦の両者に向かって語られていることを私たちは当たり前のように思いますが、一世紀の社会で一般的になされていたことと比較するならば、これは画期的なものでした。当時、勧告されるべきは妻だけであって、夫は自分の好きなようにして良かったからです。ですから、現代社会の一般的な姿（女性の地位の向上など）と単純に比較して、その優劣を考えてしまうと、聖書のことばの画期さを見過ごすことになるかもしれません。

さて、最初に書かれている命令は二一節の言い直しです。互いに従い合うべきなのですから、「妻は夫に従いなさい」です。二二節のニュアンスを含めるならば、「夫も妻に従いなさい」ということになります。単なる妻への勧告として理解すると、文脈が示唆していることを見失ってしまいます。

なぜ従い合うべきなのでしょうか。「夫は妻のかしら」（二三節）という表現に注目してください。ここで言われている「かしら」は、「妻を自分の思いどおりに動かせるかしら」という意味ではありません。むしろ、「かしら」と言われている頭は、「いのちの源」という意味です。ちょうどキリストが教会のいのちの源であり、教会にいのちを与えるためにご自分のいのちを献げられたように、夫は妻のかしらなのです（同節）。ですから、妻を、そして夫を、自分にいのちを与えてくれる存在であると理解して、従い合うべきなのです。

クリスチャンはキリストを、自分に永遠のいのちを与えてくださった方として尊重しているでしょう。けれども、自分の夫あるいは妻が、自分にいのちを与えてくれる存在である、と思って尊重しているでしょうか。相手がいなければ、自分は立ち行かないという思いをもって、互いに従い合っているでしょうか。意外と「相手などいなくてもいい」と心の中で思っているかもしれません。もしもそうであるなら、当然、相手を尊重することはないでしょう。さらに、三三節で言われている「敬いなさい」も、尊重しなさい、という意味です。

このようにして、キリストと教会の関係を夫婦の関係のモデルにすることによって、聖書は、お互いが「いのちの源である存在」であることを強調しています。ですから、私たちもお互いに相手を「いのちの源である存在」と思い、尊重し合っているかどうか、再点検すべきです。

犠牲の愛をもって愛する

次に、夫に対する言葉が書かれています（二五～三三節）。妻に対する勧告よりも、夫に対する勧告のほうが長いのです。つまり、夫はよりいっそう注意しなければならない状況にありました。

当時の社会において、夫の力は絶大でした。家庭における様々なことの決定権は、すべて家長である夫にありました。それはとりもなおさず、夫が自分の権力を濫用する可能性が常にあったということです。ですから、より厳粛な言葉が語られているのです。もちろん、私たちにとっては、夫も妻も注意深く聞かなければならない言葉でしょう。

語られている命令はわかりやすいものです。「妻を愛しなさい」です。もう少しわかりやすい言い方をすれば、「妻を大切にしなさい」（二五節）です。ただし、その前の文章に特に心を留めておくべきです。「キリストが教会を愛し、教会のためにご自分を献げられたように」です。キリストの愛を映すようにして、あなたは妻を（夫を）愛しなさい、です。自分を献げる愛で、その人を大切にしなさい、です。

この命令を聞くとき、世の中のあらゆる夫婦は（私も含めて）自ら恥じ入るのではないでしょうか。はたして私たちは、キリストが十字架で現してくださったその愛を映す者として、妻を、夫を愛しているでしょうか。愛していないとすれば、私たちはキリストの姿からはたいへん遠い者です。しかし、そのように歩むように神は私たちを招いておられます。

相手を愛する、大切にするためには、自分を献げることが必要です。なぜそうなのでしょうか。

二八節を見てください。「夫たちも、自分の妻を自分のからだのように愛さなければなりません」とあります。単に「自分のからだの『ように』」ではなく、「自分のからだ『として』愛することを、この言葉は表現しています。妻と夫、ふたりは一体だからです（三一節）。ですから、配偶者を大切にしない者は、自分をも大切にしていません。配偶者は自分だからです。

キリストと教会の関係が、ここでもはっきりと映されています。教会はキリストのからだです。したがって、キリストと教会は一体であって、分けることができません。キリストが自分自身を大切にし、自分自身を整える。キリストと教会の関わりにはそのような面があります。同様に、配偶者は自分のからだなのですから、その相手が整えられるように「養い育てる」べきです（二九節）。

私たちは自分の夫を、自分の妻を、どのように理解しているでしょうか。「夫婦は他人」という考え方もあります。けれども、聖書はそのようには語っていません。英語の“Better half”という表現に代表されるように、配偶者は自分の「半身」なのです。

配偶者を自分の「半身」であると認識するとき、夫や妻を、キリストの自己犠牲の愛をもって愛する道が開かれていくのではないでしょうか。「あいつには理解できっこない」ではなく、「あの人は私なのだ」という心をもって向き合っていくべきではないでしょうか。それこそが、キリストのからだである教会に加えられたクリスチャンの進むべき道です。相手が自身の半身だとわかったときに、教会に対するキリストの愛を知っている者として、同じ愛をもって配偶者に向き合っていくことができます。教会へのキリストの愛、教会を整えたい、養い育てたいという願いをしっかりと受けとめていない者は、自分の夫や妻にその同じ愛をもって向き合えないのかもしれません。

一つのからだ

「キリストを恐れて、互いに従い合いなさい」(二一節)というみことばの意味を考えてきました。このことばの背景にあるのは、キリストとそのからだである教会の関わりです。教会が整えられたものとなるために、自らを献げたキリスト。教会にいのちが満ちるように、教会を愛し続けたキリスト。それを映すようにして、夫と妻は、互いに従い合い、互いに犠牲の愛をもって相手を大切にし合うべきです。

この生き方の背後にあるのは、「お互いは一つのからだである」という理解です。一つのからだであるから、自分を大切にするように相手を大切にするのです。「相手」は「私の半身」、すなわち私だからです。

夫婦の間でいろいろな感情的な行き違いがあるかもしれません。しかし、もう一度、私たちは、あらゆることの原点であるキリストのわざに目を向けたいと思います。キリストは、ご自分のからだである教会を養い育てられました。そのために自らを献げるほどの愛をもって接せられました。私たちも、そのキリストの愛に生かされ、励まされて、その愛を映す者として、夫を、妻を、自分のからだとして大切にし、愛していきましょう。配偶者を大切にする者は、すなわち自分を大切にする人なのです。

10　従順な歩み

〈エペソ六・一～九〉

「子どもたちよ。主にあって自分の両親に従いなさい。これは正しいことなのです。『あなたの父と母を敬え。』これは約束を伴う第一の戒めです。『そうすれば、あなたは幸せになり、その土地であなたの日々は長く続く』という約束です。父たちよ。自分の子どもたちを怒らせてはいけません。むしろ、主の教育と訓戒によって育てなさい。

奴隷たちよ。キリストに従うように、恐れおののいて真心から地上の主人に従いなさい。ご機嫌取りのような、うわべだけの仕え方ではなく、キリストのしもべとして心から神のみこころを行い、人にではなく主に仕えるように、喜んで仕えなさい。奴隷であっても自由人であっても、良いことを行えば、それぞれ主からその報いを受けることを、あなたがたは知っています。主人たちよ。あなたがたも奴隷に対して同じようにしなさい。脅すことはやめなさい。あなたがたは、彼らの主、またあなたがたの主が天におられ、主は人を差別なさらないことを知っているのです。」

クリスチャンとして社会の中で生きることの難しさ

私たちは社会に生きています。それは、私たちがひとりで生きているのではないことを意味します。絶えずだれかとの関わりの中で歩んでいます。無人島でひとり生活しているわけではありません。

その一方で、様々なときに、社会で生きることはなんと難しいか、と感じるのではないでしょうか。だれかから攻撃される。嫌なことを言われる。だれかの顔色を見ながら生きている。煩わしい、面倒臭い。社会で生きていくことから生まれる様々なストレスで、数多くの人が疲れ、病んでいきます。家庭さえも私たちを疲れさせる原因となり得ます。

さらに、クリスチャンとして日本の社会の中で生きることも結構難しいものです。ときには「こうすべきではない」と思うことを立場上しなければならないことがあります。

クリスチャンであるがゆえに、攻撃されることもあります。礼拝を守ることが大切であることはわかっていても、「日曜出勤」のある職場なら、どうしたらよいのでしょうか。きれいごとを言ったり原則論で相手を切ることは簡単ですが、現実の世界でクリスチャンとして生きることは決して容易なことではありません。そうして、クリスチャンとして歩むことに疲れを覚えてしまうのです。

それでもなお、私たちは社会で生きていかなければなりません。では、社会の様々な関係の中で、クリスチャンとしての自覚を保ちながら歩むとは、どのようなものなのでしょうか。

その基本的な姿勢も、前回の夫婦の関係について考えた五章二一節に記されています。「キリストを恐れて、互いに従い合いなさい」です。もちろん、これが簡単にできないから悩むのですが、それでもなお、この生き方を現実とするために、私たちが心に留めるべきこととは何なのでしょうか。

社会的立場の違い

『ピタゴラスイッチ』という子ども向けの番組で、次のような歌が流れることがあります。「ぼくのおとうさん」という曲です（作詞・佐藤雅彦、内野真澄）。

「おとうさん　おとうさん　ぼくのおとうさん、かいしゃへいくと　かいしゃいん、しごとをするとき　かちょうさん、しょくどうはいると　おきゃくさん、はいしゃにいくと　かんじゃさん、あるいていると　つうこうにん、がっこういけば　せいとさん、でんしゃ

にのると　つうきんきゃく、　おとうさん　おとうさん　うちにかえると……ぼくの　おとうさん」

この歌は、現実の社会で私たちは複数の立場に立って生きていることを描いています。そして、それぞれの立場にふさわしい行動をそれぞれの場所で取ることが求められているのです。課長さんでも、社長さんでも、総理大臣でも、歯医者に行くと患者さんなのです。自分が様々な立場に置かれていることを思い起こしてみましょう。それは同時に、社会には様々な立場の人がいることも意味しています。

現代社会においては、立場の違いの差が希薄になってきてはいます。一方で新約聖書の時代には、社会的な立場の違いはより明確に存在していました。そして、その社会的な立場の違いに則って、それぞれの人は生きるように求められていました。

さて、今日の聖書の箇所には、二組の立場の組み合わせが述べられています。

まず、親と子です。

当時の社会では、家庭の中の細かいことには母親の権威もありましたが、父親は絶対的な権力者でした。子どもは両親に服従すべきでした。どのような親であったとしても、そうでした。親に従わない者に対しては厳粛な罰が命じられていました。たとえば、出エジプト記二一章一五節や一七節では、親に対する不遜な行動は死にあたると示唆しています。

次に、主人と奴隷です。

主人は「人」ですが、奴隷は「もの」でした。奴隷は「人」ではないため、売買されました。もちろん、学問ができたり、家の管理ができたりする奴隷もいたことは事実です。また、借金の返済のために、自ら進んで奴隷になった人もいます。しかし、どのようないきさつであったとしても、奴隷は、自分を所有している主人に服従することが求められていました。「もの」とその「主人」という越えることのできない社会的な壁が、奴隷と主人の間には横たわっていました。

このように、聖書の時代は、絶対的な立場の違いが存在する社会であり、その立場の違いに則って生きることが求められている社会でした。自分の立場を悪用、濫用する人々も数多くいる社会でした。

こうした社会に生きているクリスチャンの中には、当然、父親や主人のように力をもつ立場に立っている者もいました。一方で、子どもや奴隷のように力をもたない立場に立っているクリスチャンも数多くいました。それぞれが、自らの社会的立場を踏まえつつ、社会でどのように生きればよいのか、考えながら生きていました。

現代社会は、より複雑になっています。絶対的に強い社会的立場は激減しています。また奴隷制度そのものはなくなりました。一方で、父親の権威は失墜しつつあります。けれども、「セクハラ」「パワハラ」という言葉があるように、自分の立場を濫用する人たちは多くいます。

今日の聖書の箇所は、私たちが社会の中で様々な立場に立たされたときに、どのように歩むべきであるかを考えさせてくれます。力のある立場に立っているときはどうするべきか、逆に、力のない立場に立っているときにはどうするべきか、どちらについても熟考する必要があります。

力のない立場にいるとき――真実な従順さ

それでは、まず、社会的に力のない立場に置かれたとき、どうあるべきなのでしょうか。親に対する子どもの立場、主人に対する奴隷の立場について考えてみましょう。

子どもに対して語られていることは、ある意味で当たり前のことです。「主にあって自分の両親に従いなさい」（一節）と。親への反抗などいっさい勧めてはいません。では、なぜ両親に従うべきなのでしょうか。それが常識だからだ、などとは言っていません。旧約聖書の十戒がそのように語っているからです（二節）。出エジプト記二〇章一二節に書かれていることばが引用されています。この戒めには、主の約束がついてきます。

「『そうすれば、あなたは幸せになり、その土地であなたの日々は長く続く』という約束です」（三節）。両親を大切にし、それに従順に生きるとき、幸せ、祝福が与えられるというのです。異邦人であるエペソの人々は、かつては「約束の契約については他国人で」（二・一二）あって、祝福の約束などいただいていませんでした。しかし、キリストのゆえに「聖徒たちと同じ国の民」（二・一九）とされたので、十戒の戒めのみならず、その約束を受け継ぐ者となったのです。

そうすると、ここでいう幸せ、祝福はどこから来るものでしょうか。親が与えてくれる幸せ、祝福でしょうか。ここでいう幸せ、祝福は「主」から与えられるものです。残念なことに、力のない立場の者がその主人に従うならば、その主人から必ず何か良いものをもらえる、とは語っていません。祝福は、むしろすべての祝福の源である主から来る、と述べているのです。ですから、両親の祝福を求めて両親に従うのではなく、主からの祝福を覚えて、両親に従うのです。人にではなく、神に目を向けて歩むのです。

奴隷の場合はどうでしょうか。主人との関わりについては次のように書かれています。「キリストに従うように、恐れおののいて真心から地上の主人に従いなさい」（五節）。ここでも同じように、主人に対する従順が求められています。奴隷制度が当たり前の社会に生きているパウロは、「奴隷制は問題だから、それに従う必要はない」とは言いませんでした。また、奴隷が主人に仕えるのは社会的に当たり前であるから、そのようにするべきである、とも語りませんでした。「キリストに従うように」従いなさい、と語ったのです。六〜七節には、次のように書かれています。「キリストのしもべ（奴隷）として」、「主に仕えるように」と。

主であるキリストに従うのだから、あなたが生きている社会の秩序の中で、あなたの主人に従いなさい、と言っているのです。主に従うゆえに、主人に従うのです。ですから、当然、主人に対する外面的、形式的な従順ではありません。むしろ、「真心から」（五節）、「ご機嫌取りのような、うわべだけの仕え方ではなく」（六節）、「喜んで（熱心に）」（七節）従うのです。「従わなければならないから、仕方なしに従う」という姿勢を真っ向から否定しています。主に対して喜んで、真心を込めて従うように、そして、主に従うからこそ、あなたがたは地上の主人に対しても従いなさい、と言っているのです。

つまり、目をこの社会の関係だけに向けているのではなく、この世界に生きて働いておられる神に目を向けつつ、社会での生活をしなさい、と語っているのです。「奴隷であっても自由人であっても、良いことを行えば、それぞれ主からその報いを受ける」（八節）からです。繰り返しになりますが、地上で主人に気に入られるからではありません。主からの祝福があるからこそ、主に仕えるように、地上の主人に仕えなさい、と勧めているのです。

このことから、社会的に弱い立場にいる者はどのように歩むべきだと言えるのでしょうか。

社会の秩序に従い、従順に生きることが勧められています。けれども、従う動機が社会一般とは異なります。祝福は地上の主人から来ているのではなく、キリストから来ます。本当の主人であるキリストを覚え、その方の祝福を期待して、地上の主人や自分の両親に従うのです。

社会における私たちの従順の動機は何でしょうか。地上での損得勘定で社会的な立場の上の人に従うのでしょうか。それとも、今日の聖書の箇所のように、主からの祝福があることを知って、主に対して従順だからこそ、社会で従順に生きるのでしょうか。社会的に見れば、同じ従順な行動ですが、その従順の意図は全く違ったものです。祝福の源の理解が異なるからです。

力のある立場にいるとき――主の権威の下にある自覚

それでは、社会において力のある立場にいる者は、どのようにするべきでしょうか。具体的には、父親であり、奴隷をもつ主人は、どう人々に向き合うべきなのでしょうか。権力の濫用が指摘されている現代においても、ここで語られていることには大きな意義があります。

まず、子をもつ父に対してです。父権の強い時代に生きる父に何が求められているのでしょうか。

一つめは「子どもたちを怒らせてはいけません」（四節）です。子どもに対する権力の濫用を抑えるように勧める言葉です。父親の言うことが絶対であるということで、すべてを抑えつけ、従わせるのではありません。子どもを理解し、その話を聞くことです。子どもたちを一人の人間として尊重することが求められています。当時の社会では、子どもは「もの」同然でした。けれどもここでは、それとは異なる対応が求められています。

二つめは「主の教育と訓戒によって育てなさい」（同節）です。子どもは育てられる必要性があります。そして、父には、主が与える教育と訓戒を行う責任があります。

現代でもそうですが、親には子どもをこのようにしたいという願いがあります。その結果、親の願いばかりが強調されてしまうことが多くあります。しかし忘れてはいけないのは、主がこの子どもをどのように育てたいと思っておられるのか、と問うことです。「主の教育と訓戒」の実践ほど、親として難しいことはないでしょう。なぜならば、親は常に

「主の教育と訓戒とはどのようなものであるか」と問い続けなければならないからです。主の教育と訓戒を知ったうえで、それをもって子どもを育てるのです。

親の力を濫用してはなりません。むしろ、「主がこの子をどのように育てようとしておられるのか」という視点で、子どもに向き合うことが求められています。つまり親は、自らが主の権威の下にある、という自覚をもったうえで、子どもを育てる必要があるのです。そして、主のみこころに従ってなすべきことを行うのです。親であったとしても、主のしもべ、奴隷にすぎないからです。

次に、奴隷をもつ主人はどのように自分の奴隷に向き合うのでしょうか。

九節に「奴隷に対して同じようにしなさい」とあります。何を同じようにするのでしょうか。「キリストのしもべとして心から神のみこころを行う」（六節）ことでしょう。父親も神の主権の下にありましたが、主人もあくまでキリストのしもべです。自分がそのような立場の者であることを覚えて、奴隷に向き合うのです。

具体的には、奴隷を脅してはなりません（九節）。恐怖心を用いて人を動かすことがあります。「〜すると、何らかの罰を受けるぞ」と脅して、何かの行動をするように仕向ける場合がよい例です。奴隷に対して、そのような方法を用いることは可能です。しかし、それではだめだ、むしろ、同じ方を主として仰いでいる者として、権力にものを言わせて何かをさせるのではなく、奴隷に向き合う別の方法を見いだしなさい、と戒めるのです。

聖書は繰り返し述べています。「どれだけこの地上で権力があったとしても、お互いは主のしもべである。だから、権力にものを言わせてはいけない。むしろ、同じ主の下にある奴隷として、責任をもってお互いに向き合いなさい。人ではなく主からの報いを求めて、神のみこころに従って向き合いなさい」と。

力のある者に対する勧めを見るとわかりますが、権威の濫用は厳しく戒められています。相手は自分の「所有物」なのだから、自分の好きなようにしてもいい、という考え方は明確に否定されています。かえって、力があるからこそ、自らが主のしもべであることを自覚しなさい、と説かれています。

そして、なすべきことは主のみこころであり、主の教育と訓戒です。これを聞くと、だれが主の代わりにその人に向き合えるのだろうか、と考えてしまうでしょう。でもそれでいいのです。それくらいの主への恐れとおののきをもって働くことを、力のある者は求められているのです。

力のない者は心から従順であればよいので、ある意味では楽かもしれません。主に従うように、主人や親に従うのですから。ところが、力のある者は、常に主のみこころを求め、主の訓練は何かを考えなければなりません。多くを要求され、多くの責任があるのです。

多く与えられているからです。

キリストこそ社会生活の模範

このように見ていくとき、どのような立場であっても、「主に従う」「主こそ私の主人であると信じて歩む」ことが大切であることがわかります。そして、力のある立場か、そうでない立場かで、大きく対応が異なることもわかります。

力のある立場にいる者は、自らが主のしもべであること、主のみこころをその人に行う責任があることを覚えて歩む必要があります。相手が自分に従うからといって、傲慢になってはなりません。

力のない立場にいる者は、従順に、心から主に従うことが求められています。何をするにも、いつも目の前に主を置いて歩むのです。なぜでしょうか。それは、私たちの主である方が、あえて力のない立場に立って、最後まで従順に歩まれたからにほかなりません。ご自分の力をご自身のために用いず、ただ主のみこころに従うことをお求めになりました。そして最後まであらゆる人の奴隷となられました。神はそのキリストに最大の祝福を与えられました。キリストのこの歩みこそ、私たちの社会生活の模範なのです。

私たちはこのキリストを主人としてあがめつつ歩んでいます。そのことを覚えて、社会のあらゆる立場の中で、人を偏り見ない主のしもべとして歩ませていただきたいと思います。それこそが「キリストを恐れて、互いに従い合う」（五・二一）生き方です。

11　主の大能の力によって

〈エペソ六・一〇～二四〉

「終わりに言います。主にあって、その大能の力によって強められなさい。悪魔の策略に対して堅く立つことができるように、神のすべての武具を身に着けなさい。私たちの格闘は血肉に対するものではなく、支配、力、この暗闇の世界の支配者たち、また天上にいるもろもろの悪霊に対するものです。ですから、邪悪な日に際して対抗できるように、また、一切を成し遂げて堅く立つことができるように、神のすべての武具を取りなさい。そして、堅く立ちなさい。腰には真理の帯を締め、胸には正義の胸当てを着け、足には平和の福音の備えをはきなさい。これらすべての上に、信仰の盾を取りなさい。それによって、悪い者が放つ火矢をすべて消すことができます。救いのかぶとをかぶり、御霊の剣、すなわち神のことばを取りなさい。あらゆる祈りと願いによって、どんなときにも御霊によって祈りなさい。そのために、目を覚ましていて、すべての聖徒のために、忍耐の限りを尽くして祈りなさい。また、私のためにも、私が口を開くときに語るべきことばが与えられて、福音の奥義を大胆に知らせることができるように、祈ってください。私はこの福音のために、鎖につながれながらも使節の務めを果たしています。宣べ伝える際、語るべきことを大胆に語れるように、祈ってください。

私の様子や私が何をしているかを、あなたがたにも分かってもらうために、愛する兄弟、主にある忠実な奉仕者であるティキコがすべてを知らせます。ティキコをあなたがたのもとに遣わすのは、ほかでもなく、あなたがたが私たちの様子を知って、心に励ましを受けるためです。

信仰に伴う、平安と愛が、父なる神と主イエス・キリストから、兄弟たちにありますように。朽ちることのない愛をもって私たちの主イエス・キリストを愛する、すべての人とともに、恵みがありますように。」

避けることのできない戦いの日々

エペソ人への手紙を学んできました。振り返ると、神の恵みによる歩みの大切さとともに、それに応える信仰の大切さ、そして恵みと信仰による教会の歩みの大切さが繰り返し語られている書であることがわかってきました。

エペソ人への手紙からの説教も今回が最後です。手紙の最後の部分に焦点を当てて、みことばに耳を傾けていきます。そして、最後の部分ですから、一番語りたいことが念を押すように語られてもいます。興味深いことにこの箇所のテーマは「戦い」です。

「戦い」と言われると、ちょっと面食らうかもしれません。もうキリストが十字架と復活で勝利を取られたのだから、私たちは戦いを経験する必要はないのではないか。いろいろな戦いを経験し、もうそれが嫌だからクリスチャンになったのに、なぜまだ戦いのことを考えなければいけないのか、と。だれも戦いたいとは思いません。毎日を平安の中で過ごすことができれば、と思っています。それなのに、なぜパウロは手紙の最後で戦いについてあえて書いているのでしょうか。

エペソ人への手紙は、私たちの日々の歩みをより現実的に理解しています。考えてください。日々の歩みにはいつも何らかの戦いがあります。好むと好まざるとに関わらず、私たちは戦いの中に投げ込まれています。だからこそ、戦いは避けることができません。そして、この現実を踏まえて、何が大切なのかを考えてみよう、とパウロは問いを立てているのです。

悪魔の支配の力の現実の中で

私たちの周りでは毎日、いろいろな出来事が起こっています。家庭で、地域で、職場で、この国で、この世界でいろいろなことが起こっています。

そのような中で、避けることのできない戦いに巻き込まれてしまうことがあります。自分のこと、親、配偶者、子どものことで、どうしたらよいだろうかと悩むこともあるでしょう。「病気」という戦いの現実もあるかもしれません。いろいろな「誘惑」という戦いもあるかもしれません。今まで全く気にならないことが、ある日突然気になることもあるかもしれません。本当は大変な戦いがあるにもかかわらず、それに気づかないで過ごしていたこともあるかもしれません。牧師である私ならば、教会の将来を考えて、どうすべきかと悩むという戦いもあります。メディアは日本や世界で起こっている様々な出来事を報じます。誇張して伝えているところもあります。それでもなお、人の心が荒んでいる現実を目の当たりにせざるをえません。それゆえに、私たちはどうすればよいのか、何ができるか、と思い悩むのです。これも戦いです。

このようにして注意深く自分の歩みを見直すとき、実際には何らかの戦いを戦っている、と気がつきます。事実、聖書は、クリスチャンは日々戦いの中にある、と語っています。私たちは、意識している、いないに関わらず、戦いの真っただ中に置かれているのです。そしてそれは、目に見える何者かとの戦いではありません。（実際に目に見える敵の場合もあるでしょうが。）「悪魔の策略」との戦いです（一一節）。血肉に対するものではない（一二節）、つまり具体的に目に見える相手との戦いではありません。それでも、やはり戦っているのです。そして、この「戦い」は、「支配、力、この暗闇の世界の支配者たち、また天上にいるもろもろの悪霊に対する」ものです。闇の力との戦いです。

私たちの生きている世界は一見、平和に見えるかもしれません。しかし、そこは「戦場である」と聖書は語っています。神の支配と悪魔の支配との戦い、二つの力が争っているのです。

そして、目に見えない、神の支配と悪魔の支配との戦いの真ん中に私たちは置かれています。実感が湧かないかもしれません。けれども、目に見えない戦いはときに目に見えるかたちで現れることがあります。ちょうど冷たい空気と暖かい空気の戦いという目に見えない戦いが行われているなかで、戦いの最前線では雨が降ったり、竜巻が起こったりして、可視化するのとよく似ています。

この世界で起こっている様々な出来事は、神の支配と悪魔の支配との戦いの現れです。

ただし、単純にどちら側が神で、どちら側が悪魔と決めつけることはできません。それぞれが複雑に絡み合っているからです。しかし、目に見える世界で、目に見えるかたちで現れている具体的な出来事の背後には、いつも神と悪魔との戦いがあります。

このようにして、現実の一つ一つの戦いと関わっている私たちは、神とこの世界を抑えつけようとする闇の力との戦いに巻き込まれています。そして、ときに、この闇の力に打ち負かされてしまうこともあります。

悪魔に対して堅く立つために

それでは、そのような戦いの中で、常に神の側に立ちつつ、最後の勝利に向かって進むためにはどうすればよいのでしょうか。世界を抑えつける闇の力が働いているという現実の中で、よく抵抗し、完全に勝ち抜き、堅く立ちなさい、と勧められています。では、どうすれば最後まで戦い抜くことができるのでしょうか。

必要なのは神のすべての武具です。「神のすべての武具を身に着けなさい」（一一節）、「神のすべての武具を取りなさい」（一三節）と書かれています。戦いですから、「武具」

を身に着けるのです。ここには、「帯（ベルト）」、「胸当て」、「履き物」、「盾」、「かぶと」、「剣」という武具が記されています。当時の戦争（特に人と人とのぶつかり合いによる戦い）において、これらは大切な武具です。けれども、私たちの戦いに必要なのは、「人の武具」、「どこかの素晴らしい王の武具」ではありません。「神の武具」です。神に属し、神が与えてくださるものを身に着けて戦うべきなのです。ですから、人が自分の知恵や力で準備するだけでは、この戦いに勝つことはできません。

人の武具ではなく、神の武具が必要であることは、私たちの戦いの性質から考えても明らかでしょう。鉄砲が戦争の道具の主体になった時代に、刀で戦いを挑むことが愚かであったように、目前の戦いに適した武具が必要です。私たちの戦いの相手は悪魔の力です。世界を抑えつけようとする闇の力です。ですから、人間が準備した武具は、全く役に立ちません。神が与えてくださるものによって、戦っていく必要があります。神によって整えられて、示されるものを身に着けて、神の戦いに加わるのです。悪の力と戦うことのできる方は神だからです。

それでは、「神の武具」とは、具体的にはどのようなものでしょうか。それが一四〜一七節に書かれています。

まず、その前半の一四〜一六節を見てみましょう。

一つめが「真理」です。偽って生きる生き方でなく、簡単に揺れ動くような生き方でもなく、正しく、かつ信頼を置くことができる生き方を指しています。戦いに置かれた私たちを支えるのが真理です。だから腰に巻かれています。

二つめが「正義」です。正しい歩みを胸当てとして胸につけ、それを真っ正面に示しながら、前進するのです。

三つめが「平和の福音の備え」です。戦いに出て行くのに、「平和」とは矛盾するようです。しかし「平和の福音」を備えるために出て行くのです。足にはいて前を進み、戦いの終わりと平和の到来というキリストの福音を告げることによって戦うのです。キリストはすでに勝利を取っておられるからです。

四つめが「信仰」です。盾となって、戦いにある私たちを守るのは、信仰、つまり神への信頼です。神への信頼に支えられ、守られて、前に進むのです。

このように見ていくと、戦いのために神から与えられる武器とは、何か特別なものではないことがわかります。真理、真実な生き方、正しい歩み、平和をもたらす福音を告げる歩み、神への信頼、というクリスチャンの最も基本的な生き方こそ、私たちの戦いの武器なのです。神がこれらの武具を与えてくださるのですから、私たちは戦うことができます。何か特別なことをする必要はありません。地道に、主からいただいたものをもって歩んでいくのです。

祈りを通して働く神の力

神の武具として、神からさらに多くのものが与えられます。後半の一七節を見てください。

「救い」です。これは私たちの生き方ではありません。神が私たちに与えてくださる、罪と死に対する勝利そのものです。これがかぶととして頭を守ります。

そして、「聖霊」です。神はご自身の霊を通して力を与えてくださるのです。そして、神の霊が剣として、敵に攻撃をしかけるのです。この聖霊は、「神のことば」とともに働きます。聖書のことば、神からの約束のことばが戦うのです。これも、私たち人間から生み出されるものではありません。

先に述べた「真理」「正義」「平和」「信仰」は神から与えられる私たちの生き方でしたが、ここで述べた後半の三つは神ご自身の働きそのものを指しています。神が私たちに働かれることこそが、私たちの戦いに必要な武具なのです。神の働きによって、私たちのうちに真理、正義、平和、信仰が生まれ、救いが与えられ、私たちは聖霊と神のことばによって敵と戦うのです。

ですから、一〇節、すなわち「主にあって、その大能の力によって強められなさい」、これこそが、神の武具によって戦うことの本質です。悪魔と戦うことにおいて、そしてその具体的な現れとしての現実の様々な戦いに向き合うことにおいて、何か特別なことをするようにと命じられているわけではありません。ただ、主の大能の力によって強められなさい、と命じられているのです。主から救いをいただき、聖霊と神のことばによって支えられ、これらの武具をもって戦うのです。そのとき、真理、正義、平和、信仰が私たちに与えられます。どのような戦いも、神が与えてくださるその大能の力によって、戦い抜くことができるのです。

ここで思い起こしていただきたいのは「神の大能の力」です。これは、一章一九節に書かれている「神の大能の力の働き」、キリストを死人の中からよみがえらせた神の力、私たちの内に働き続けている神の力を指しています。これによって戦うのです。神の力によって戦うからこそ、最後まで戦い続けることができます。戦いに必要な武具を神からいただくことができます。ですから、これは神の戦いなのです。

続く一八～二〇節では、神の力が、救いが、聖霊が、神のことばが私たちに与えられ続けるためには、どうするべきかが記されています。それは「お互いのための祈り」です。

絶えず祈りと願いをし、どんな時も御霊によって祈り、目を覚まして、休むことなく、すべての聖徒のために祈り続けることです。パウロも、自分のためにも祈ってほしい、それによって「語るべきことを大胆に語れる」から、と述べています（二〇節）。これが「神の武具である」とは言っていません。しかし、これなしでは、神が備えてくださったものがいつでも「神からのもの」として働き続けることはできません。

祈りは御霊によるものです。このような祈りを通して、神は私たちの心に、生き方に、「大能の力」を注いでくださいます。ですから、私たちは戦いを戦い続けることができるのです。

お互いのために祈り合うとき、お互いの内に神の力が働き続けます。牧師が毎週、欠くことなく奉仕ができ、神の力によって戦い続けることができるのは、皆さんの祈りによるのです。その祈りを通して神の力が牧師に注がれているのです。

祈らない人、祈らない教会には、神の力は働きません。祈らない人、祈らない教会は、神から与えられる武具によって戦うことができません。祈りへと導く聖霊に開かれていないとき、祈ることができませんから、神の力は働きません。しかし、聖霊に押し出され、祈りによって自らを神の前に明け渡すとき、神の大能の力が私たちに注がれます。そして、その大能の力によって、戦いを最後まで戦い抜くことができるのです。

そして、忘れてはならないのは、キリストの十字架と復活と昇天によって、神はすでに敵に勝利を取られたという事実です。悪魔の策略と力は、残された最後の力を振り絞って神に抵抗しているにすぎないのです。私たちはいつも勝ち組なのです。

祈る人へ、祈る教会へ

日々の歩みの中で、私たちは悪魔の策略との戦いの中にあります。気がつくときもあれば、そうでないときもあります。そして、この戦いを戦い続け、倒れないで最後まで歩み続けるためには、「神の武具」が必要です。真理、正義、平和、信仰という生き方を神から与えられ、救い、聖霊、神のことばを神からいただくのです。神の大能の力によって歩むならば、どのような戦いであったとしても、最後まで戦い続けることができます。

ここで大切なのは「お互いのための祈り」です。教会が、そして個人がお互いのために祈るとき、神の大能の力は私たちのうちに注がれ続けます。ですから、自分が、そしてお互いが、それぞれの戦いにおいて最後まで立ち続けるために、教会は互いのために祈るよう招かれているのです。祈る教会に、神の力が、その大能の力が働き続けるからです。

ですから、お互いが、この教会が、「主の大能の力」によって進むことができるように、祈り合おうではありませんか。そうすれば、私たちは最後まで倒れることなく、進んでいくことができるのです。

宣教からホーリネスへ

〈エペソ一・一〇、一五～二・一〇〉

「時が満ちて計画が実行に移され、天にあるものも地にあるものも、一切のものが、キリストにあって、一つに集められることです。」

「こういうわけで私も、主イエスに対するあなたがたの信仰と、すべての聖徒に対する愛を聞いているので、祈るときには、あなたがたのことを思い、絶えず感謝しています。どうか、私たちの主イエス・キリストの神、栄光の父が、神を知るための知恵と啓示の御霊を、あなたがたに与えてくださいますように。また、あなたがたの心の目がはっきり見えるようになって、神の召しにより与えられる望みがどのようなものか、聖徒たちが受け継ぐものがどれほど栄光に富んだものか、また、神の大能の力の働きによって私たち信じる者に働く神のすぐれた力が、どれほど偉大なものであるかを、知ることができますように。この大能の力を神はキリストのうちに働かせて、キリストを死者の中からよみがえらせ、天上でご自分の右の座に着かせて、すべての支配、権威、権力、主権の上に、また、今の世だけでなく、次に来る世においても、となえられるすべての名の上に置かれました。また、神はすべてのものをキリストの足の下に従わせ、キリストを、すべてのものの上に立つかしらとして教会に与えられました。教会はキリストのからだであり、すべてのものをすべてのもので満たす方が満ちておられるところです。

さて、あなたがたは自分の背きと罪の中に死んでいた者であり、かつては、それらの罪の中にあってこの世の流れに従い、空中の権威を持つ支配者、すなわち、不従順の子らの中に今も働いている霊に従って歩んでいました。私たちもみな、不従順の子らの中にあって、かつては自分の肉の欲のままに生き、肉と心の望むことを行い、ほかの人たちと同じように、生まれながら御怒りを受けるべき子らでした。しかし、あわれみ豊かな神は、私たちを愛してくださったその大きな愛のゆえに、背きの中に死んでいた私たちを、キリストとともに生かしてくださいました。あなたがたが救われたのは恵みによるのです。神はまた、キリスト・イエスにあって、私たちをともによみがえらせ、ともに天上に座らせてくださいました。それは、キリスト・イエスにあって私たちに与えられた慈愛によって、この限りなく豊かな恵みを、来たるべき世々に示すためでした。この恵みのゆえに、あなたがたは信仰によって救われたのです。それはあなたがたから出たことではなく、神の賜物です。行いによるのではありません。だれも誇ることのないためです。実に、私たちは神の作品であって、良い行いをするためにキリスト・イエスにあって造られたのです。神は、私たちが良い行いに歩むように、その良い行いをあらかじめ備えてくださいました。」

ホーリネスと宣教

近年、聖会は、様々な教派の教会で開かれています。その目的と内容は教派ごとに異なっているでしょう。ただ、いわゆる「きよめ派」と呼ばれる流れに属する私たちが「聖会」という場合、そこで聞くメッセージは、きよい歩みや聖であること（ホーリネス）に関するものがほとんどです。そして、このような聖会を年に何度か、教会単独で、またいくつかの教会が集まって、開きます。私が奉仕している関西聖書神学校でも、毎年春に「塩屋聖会」を開いています。

きよめ派の聖会では、きよい歩みやホーリネスについてのメッセージを聞きつつ、そこで自らの歩みについて振り返ります。そして、自分は足らないところがあった、今、悔い改めて、きよい歩みを求めよう、ホーリネスに生きようと心を新たにするのです。

では、なぜ私たちは聖会を重んじるのでしょうか。なぜ、きよい歩みやホーリネスが必要なのでしょうか。あなたはどう思いますか。

「ホーリネスと宣教」というテーマで二回の説教をエペソ人への手紙からさせていただきます。実は、このテーマに、「なぜ聖会が必要か」という問いについての私なりの答えが隠されています。

ホーリネスと宣教は密接に結びついています。なぜなら、私たちのホーリネスは、私たちの宣教のために必要だからです。つまり、ホーリネスなしでは、私たちの伝道と奉仕のわざは進まないのです。それゆえ、教会が教会として宣教に生きるためには、このホーリネスを求める聖会を開く必要があります。それとともに、「ホーリネスは宣教から生み出される」とも考えられます。ここで言う「宣教」は、私たちが従来考えている「宣教」とは少しニュアンスが異なります。詳しくはあとで説明します。

そこで、まず、一回目の説教では「ホーリネスは宣教から生み出される」ことを、二回目の説教では、「ホーリネスは宣教のためである」ことをお話しします。

それでは、「ホーリネスは宣教から生み出される」とはどういうことでしょうか。ここで言う「宣教」とは「私たちの宣教」ではありません。「私たちのホーリネスは私たちの宣教から生み出される」という意味ではないのです。むしろ、ここで言う「宣教」とは「神の宣教」を指します。つまり、「私たちのホーリネスは神ご自身の宣教から生み出される」のです。
「神の宣教」とは、やや聞き慣れない言葉ですが、これはどういう意味でしょうか。

神の宣教

「神の宣教」の「宣教」は何を指しているのでしょうか。「宣教」という日本語は、英語の'mission'（ミッション）の訳語です。そして、この'mission'には、「送り出す」という意味と「使命」という意味があります。ですから、国外にいる人に福音を伝える「使命」をいただいて、母国から「送り出された」人のことを日本では「海外宣教師」と呼んでいます。

その一方で「神の宣教」は、「神がだれかを送り出す」という意味ではありません。神ご自身が、この世界への「使命」をもちつつ、自らをこの世界へと「送り出した」出来事を指しています。もちろん、神が自らをこの世界に送り出されたのですから、この世界で何もなされないはずがありません。この世界への「使命」をおもちだからです。神について語るとき、「使命」という言葉では少しわかりにくいので、「計画」と言い換えましょう。

それでは、神はこの世界で、どのような計画をもって働いておられるのでしょうか。さらに、これまで何をしてこられたのでしょうか。そして、これから何をしようとしておられるのでしょうか。

まず、神はこの世界において、どのような計画をもって働いておられるのか、考えてみましょう。

一章一〇節を見てください。「天にあるものも地にあるものも、一切のものが、キリストにあって、一つに集められることです」とあります。

天地を造られた神の計画には、様々なものがあります。「私たちが罪から救われる」こともその一つです。しかし、神はもっと広い視野から、人間のみならず、人間を含めたこの世界全体のことを考えておられます。つまり、世界にあるあらゆるもの、地上にあるものだけでなく、天にあるものも含めてすべて、すなわち神によって造られたあらゆるものが「一つに集められる」こと、結び合わされることこそが、神の計画なのです。そして、神はこのことを「キリストにあって」実現しようとしておられます。

キリスト教というと、私と私の救いという個人的なもので話を終えてしまいがちです。

しかし、聖書が語っているのは、世界のすべてのものをキリストにあってまとめる、という神の壮大な計画です。そして、神はこの計画を実現するために働いておられるのです。

言い換えるならば、私たちの救いは、その壮大な計画の大切な一部ですが、計画のすべてではありません。

天地のあらゆるものがキリストにあって一つにまとめられる、という神の計画は、一章九節にあるように「みこころの奥義」、秘められていた「ミステリー」でした。つまり、その時までは明らかにされていなかったのです。けれども、「時が満ちて計画が実行に移され」ました（一〇節）。キリストが人として地上に来て、そのわざをなし、弟子たちを通じてこの奥義が世界中に明らかにされたのです。弟子たちの説教、すなわち福音を通して、聖書のことばを通して、これは明らかにされました。そして、今、私たちも神の計画を知っています。

では、なぜ神は天と地を、世界を一つにしよう、という計画を進められたのでしょうか。創世記一章を読むと、神が天地を造られたことが記されています。神が天地を造り、その中に満ちているあらゆるものを造られたのです。だとしたら、すべては完成し、一つにまとめる必要などないと思うかもしれません。けれども、そうではないのです。神は、ご自身が造った世界を一つにすることを、「神のかたち」に創造した人を通して実現するように計画されました。ところが、人が神に背いて、この計画を実現することができなくなってしまいました。人が「神のかたち」としてこの世界に仕えないので、世界はバラバラになり、あちらこちらにひずみが現れていきました。人は、この世界に問題を生み出すばかりでした。

しかし、神はそれを放置されませんでした。バラバラになった世界を一つにするために、働かれたのです。天地創造の本来の目的である、一つとされた世界を完成するために働かれたのです。

それでは、「天にあるものも地にあるものも……一つに集められる」ために、神はこれまで何をしてこられたのでしょうか。

それが、一章一五節以降に書かれています。「キリストにあって、一つに集められる」（一〇節）とあるように、神は、キリストを通して、世界のすべてのものを一つとする計画を進められました。具体的には、キリストを地に送られたのです。

キリストにおいて神がなされたことが一章一九～二〇節に書かれています。「神の大能の力の働きによって私たち信じる者に働く神のすぐれた力が、どれほど偉大なものであるかを、知ることができますように。この大能の力を神はキリストのうちに働かせて」とあります。ここには、「力」に関わる言葉が尋常でない回数、繰り返されています。「神の大能の力の働き」、「働く神のすぐれた力が……偉大なもの」、「この大能の力を……働かせ」と。

私たちは、神が非常に大きな力をもって働く方であることをよく知っています。そして、私たちの想像を超越する神の力のすべてがキリストのうちに働いたと語られています。言い換えるならば、キリストのうちには、全宇宙を造った方のすべての力が一気に注がれたのです。天地創造以上のことがキリストにおいてなされたのです。二千年前のキリストの生涯において、天地創造にまさる出来事が起こったのです。

それでは、二千年前、キリストにおいて、神は何をなさったのでしょうか。二つのことがなされました。

まず、神はキリストを死者の中から復活させられました。私たちはキリストの十字架に焦点を当てがちですが、エペソ人への手紙では、十字架を踏まえつつも、キリストの復活——普通では起こりえないこと——に焦点を当てています。それは、新しい天と新しい地の始まりだからです。このために、最初の天地創造にまさる神の力がキリストに注がれたのです。

さらに、神はもう一つのことを、キリストにおいてなさいました。一章二〇～二一節を見てください。「神は……キリストを……天上でご自分の右の座に着かせて、すべての支配、権威、権力、主権の上に、また、今の世だけでなく、次に来る世においても、となえられるすべての名の上に置かれました」とあります。

「天上でご自分の右の座に着かせて」とは、キリストの昇天を表しています。昇天は、キリストが「天にお帰りになり、働きを終えて休んでおられる」ことではありません。天の王座に着いて、今も地上の王として継続して働き続けておられることを意味します。この世界で考えられるあらゆる権力の上に立ち、それを支配しておられます。闇の力を含めたあらゆる力が反抗しようとしても、それを抑えつけるほどの力をもって、世界を治めておられます。天においても地においても、一切の権威を授けられた者として働いておられるのです（マタイ二八・一八参照）。

このように、昇天されたキリストは、私たちのためにとりなしをする（ヘブル七・二五）とともに、世界の真の王として世界を治め、世界を一つにしようと働いておられます。

実は、エペソ人への手紙の一章で、パウロは「神の宣教のわざ」を語っています。神がご自身をキリストにおいて世に遣わし、そこでなされたわざが記されているからです。天と地にあるもの、世界のすべてのものを一つに集めるという計画のため、神はキリストを地に送り出し、この方にご自分の絶大な力を注がれました。すなわち、十字架で死んだ方を復活させ、天の王座に着かせて、あらゆる権力の上に置き、今、天と地とを支配させておられるのです。実は、キリストの受肉から始まり、十字架、復活、昇天という一連の出来事こそ、神の宣教のわざなのです。

この「神の宣教のわざ」を、私たちは幾度も聞き、よく知っていることでしょう。けれども、神が天地創造にまさる大きな力を二千年前にキリストに注がれたから、このことが起こったと認識しているでしょうか。キリストに働いた神のこの想像を絶する大能の力を知っているでしょうか。

さらに、神の宣教のわざは、神が一方的になさったものであって、ある意味、私たち人間に立ち入る隙などないことを認識しているでしょうか。つまり、二千年前、イスラエルでキリストという一人のお方を通して具体的にこのわざをなさったからこそ、神の宣教のわざはもうすでに完成しているのです。このことは二千年にわたって明らかに示され続けています。私たちは本当にこのことを覚えているでしょうか。世界は、二千年前に大きく変えられたと本当に信じているでしょうか。

私たちのホーリネス

このようにして二千年前に神がキリストにおいてなさった絶大なわざこそが、神の宣教です。

けれども、神の宣教は、二千年前のキリストの復活と昇天で終わったわけではありません。なぜならば、まだすべてがキリストにあって一つに帰せられていないからです。それゆえ、キリストにおいて決定的な局面を迎えましたが、神の宣教はいまだ完成しておらず、今も続いているのです。

それでは、神はご自身のわざを、今どのような形で進めておられるのでしょうか。どのようにして神の宣教を完成へと導こうとしておられるのでしょうか。

神は今、人間を用いて、ご自身のわざを進めておられます。世界にあふれる多くの問題の原因は人間にありました。それでもなお、神は人間を用いて、ご自身のわざを進めようとしておられます。人間を通してこの世界のあらゆる問題に、神は関与しようとしておられるのです。

人間が神のわざをこの地上においてなし、人間を通して神のご計画が遂行されるために必要なのが、私たちのホーリネスです。それゆえ、神は私たちの内にホーリネスを生み出して、神からホーリネスをいただいた私たちに、地上における神のわざを担わせようと計画されました。ですから、私たちのホーリネスは「私たちの頑張りによって生み出される、私たちのわざ」ではありません。神ご自身が自らの計画を全うするために、私たちの内になしてくださる神のわざです。その神のわざに私たちが積極的に関わっていくのです。

それでは、天にあるもの、地にあるものを一つにするために、今、神は私たちに何をなしてくださっているのでしょうか。

一章一七節を見てください。「どうか、私たちの主イエス・キリストの神、栄光の父が、神を知るための知恵と啓示の御霊を、あなたがたに与えてくださいますように。」

まず、神が聖霊を私たちに与えて、私たちが神を知ることができるようにしてくださっています。私たちは自分で神を知ったかのように思うかもしれません。けれども実際は、神が与えてくださった聖霊のゆえに、私たちは神を知ることができるのです。あなたが神について「知っている」とするならば、それは神が聖霊を与えてくださったからです。

続いて一章一八節を見てください。「あなたがたの心の目がはっきり見えるようになって」とあります。神が私たちの心の目に光を与えて、その光によって見るべきものをはっきり見えるようにしてくださるのです。

私たちの目は様々なものを見ます。敵の大軍であったり、大きな問題であったり、それに太刀打ちできないような教会の惨めな姿であったりします。そして、これらの困難以外には何も見えないかのように思ってしまうこともあります。しかし、聖霊によって目が開かれ、光が当てられるとき、目の前の現実と重なりつつも、別のものが見えてくるようになるのです。神は、エリシャの祈りがしもべの目を開いたように（Ⅱ列王六・一七）、エマオ途上にあった弟子たちの目をキリストが開かれたように（ルカ二四・三一）、全く別の何かが同時に見えるようにしてくださるのです。

それでは。何を見ることができるようにしてくださるのでしょうか。一章一九節に描かれています。「神の大能の力の働きによって私たち信じる者に働く神のすぐれた力が、どれほど偉大なものであるかを、知ることができますように。」

神は聖霊によって、キリストに働いた神の大能の力を私たちが知ることができるようにしてくださいます。その結果、私たちはキリストの死からの復活と昇天に働いた力を知り、それがどれだけの驚くべき力、神の大能の力であるかを知ることができるようになります。しかし、キリストの復活と昇天において働いた力は、決してキリストにだけ働いたのではありません。なぜならば、一章一九節にあるように、これは「私たち信じる者に働く」神の大能の力だからです。二千年前にキリストの上に働いたあの力が、キリストを信じる私たちにも、今、ここで、働いています。そのことを知り、体験するように、とパウロは願っています。あの力が私たちの内にも働いているのです。

それでは、神の大能の力は、二十一世紀に生きる私たちにどのように働いているのでしょうか。

まず、神の力は、「私たち信じる者」（一・一九）に働いています。信仰をいただいている者に神の大能の力が働いています。この「信仰」は、私たちをキリストと結び合わせて、一つにします。二章五～六節を見ると、そのことがよくわかります。「背きの中に死んでいた私たちを、キリストとともに生かしてくださいました。……キリスト・イエスにあって、私たちを（キリストと）ともによみがえらせ、（キリストと）ともに天上に座らせてくださいました。」

神の大能の力は、二千年前にキリストを復活させ、天の王座に着かせました。そして「信仰」は、今、私たちをキリストと結び合わせます。その結果、二十一世紀に生きる私たちも、信仰によって、神の大能の力を、今、ここで経験することができます。具体的には、神の力によって、罪の中に死んでいた私たちはキリストとともに生かされ、復活させられることによってこの神の力を経験します。さらに、あらゆるものに支配されていた私たちは、キリストとともに天の王座に着かせていただき、それらをむしろ治める者とさせていただくことで、この力を経験します。

何よりも、信仰が私たちをキリストと結び合わせます。信仰を通して、私たちのうちに二千年前にキリストに働いた神の大能の力が流れ込みます。信仰が与えられた者にとって、十字架にかけられたキリストの復活、そしてその昇天は他人事ではなくなるのです。そして、神の大能の力があなたの内に始めるのがホーリネスです。

信仰を与えられた者に、神の大能の力が働きます。そして、問題だらけの人間を造り変えます。天にあるもの、地にあるもの、すべてを一つにしてキリストのもとに帰させる神の働きに、その人が加わることができるようにします。問題を生み出す者、世界をバラバラにしていた者が、問題を解決する者、世界を一つにする者へと変えられます。このように変えられていくことこそがホーリネスです。

信仰によって与えられるホーリネスという具体的な変化は、二章一～一〇節の最初と最後を読み比べると、よくわかります。「かつては、それらの罪の中にあってこの世の流れに従い、空中の権威を持つ支配者、すなわち、不従順の子らの中に今も働いている霊に従って歩んでいました」（二節）。「不従順の子らの中にあって、かつては自分の肉の欲のままに生き、肉と心の望むことを行い、ほかの人たちと同じように、生まれながら御怒りを受けるべき子らでした」（三節）。「自分の背きと罪の中に死んでいた者」でした（一節）。

けれども、神の大能の力によってキリストとともに「生かし」（五節）、「良い行いに歩む」（一〇節）ようになります。悪に支配されて生きていた者、自分の欲によって生きていた者、「御怒りを受けるべき」者として死んでいた者が、「良い行い」、すなわち他者のために生きるようになるのです。私たちが変えられるホーリネスが現実のものとなり、行動に表されるようになるのです。

このように、私たちのホーリネスは、私たちが一生懸命努力したら生み出されるものではありません。もっときよくならなければ、もっと悔い改めなければ、と努力してもだめです。天にあるものも地にあるものもすべてをキリストのもとに一つにまとめようと願っておられる神が、キリストのうちにその大能の力を働かせることによってなされた神の宣教が、私たちのうちに生み出すのです。二章四節にあるように、「あわれみ豊かな神」が「私たちを愛してくださったその大きな愛のゆえに」行ってくださるものです。

ただ、一つだけ注意していただきたいことがあります。ホーリネスは「私たち信じる者」（一・一九）に実現します。そして、私たちの「信仰」そのものも実は、私たちが自分で生み出すものではないのです。神が、みことばを通して、福音のことばを通して、私たちのうちに生み出してくださるものです。

それゆえ、神の宣教から生み出される私たちのホーリネスは、二章八節の有名なことばそのものです。「この恵みのゆえに、あなたがたは信仰によって救われたのです。それはあなたがたから出たことではなく、神の賜物です。」神の恵みが、神が与えてくださる信仰によって私たちのものとなります。私たちが何かするのではなく、神がしてくださるわざ、神が与えてくださる賜物が、私たちを造り変えるのです。そして、神の大能の力によって、私たちは一歩進み始めます。

「信仰」が与えられるものであるということは、私たちの経験を振り返ってもよくわかることではないでしょうか。一生懸命信じようとしても、信じることはできないのに、何かのきっかけで、ある日、信じることができるようになっている。信頼できるようになっているのです。ですから、信仰も神の恵みによって与えられる賜物なのです。

このようにして、神の恵みによって新しい歩みへと造り変えられた私たちを通して、神の宣教のわざは進められていきます。二章七節を見てください。「キリスト・イエスにあって私たちに与えられた慈愛によって、この限りなく豊かな恵みを、来たるべき世々に示すためでした。」神の素晴らしい恵み、その豊かな富が、この時代とこの世界に、私たちを通して知らされていきます。神の恵みのわざと神が与えてくださる信仰によって変えられていく私たちを通して、このことが実現していくのです。まさにこれこそが、神が備えてくださった良きわざなのです。

はたしてこの素晴らしい神の恵みの賜物に、私たちは気がついているでしょうか。何よりも、神の大能の力に心の目が開かれているでしょうか。そして、神から信仰が与えられているでしょうか。恵みによって与えられる信仰を求めているでしょうか。

ホーリネスから宣教へ

〈エペソ三・一〇、四・一～三〉

「これは、今、天上にある支配と権威に、教会を通して神のきわめて豊かな知恵が知らされるためであり……」

「さて、主にある囚人の私はあなたがたに勧めます。あなたがたは、召されたその召しにふさわしく歩みなさい。謙遜と柔和の限りを尽くし、寛容を示し、愛をもって互いに耐え忍び、平和の絆で結ばれて、御霊による一致を熱心に保ちなさい。」

キリストと一つにされるきよめ・ホーリネス

一回目の説教では、「宣教からホーリネスへ」という題でお話をしました。天と地を一つにするため、神はキリストを送り、この方にその大能の力を注ぎ、復活と昇天のわざをなさいました。そして、信仰が与えられた者に、キリストに働いた神の大能の力を、その信仰を通して注いでくださいました。私たちが新しい歩みをすることができるように造り変えてくださったのです。

このようにして、神のみわざという神の宣教を通して、私たちの内にホーリネスが始まりました。すべてが「恵みにより、信仰による」のです（二・八参照）。

この絶大な神のみわざに私たちは目が開かれているか、と問われています。このわざに目が閉ざされたままでは、私たちはホーリネスに進むことができないからです。聖霊によって心の目を開いていただいて、歩み始めましょう。神から信仰をいただけるよう、求めましょう。

そのようなかたちで、一回目の説教を終え、私たちの信仰生活の土台を確認させていただきました。

私たちのホーリネス――召されたその召しにふさわしく歩む

それでは、ここからどのように進むのでしょうか。今ここにいる私たちは、その恵みに対して、与えられた信仰によって、具体的にどう応えていくのでしょうか。すべては神のわざです。神のわざは私たちのうちに喜びを与え、力を与え、私たちの生き方を変えていくものです。何もしないで待っているのではなく、信仰と喜びのゆえに、次のステップに私たちは手を伸ばし始めます。ただそのときに必要なのは、具体的なガイドラインです。「これをしてみなさい」という手ほどきです。

私たちが招かれている具体的な歩みは、四章一〜三節に記されています。一節にこうあります。「さて、主にある囚人の私はあなたがたに勧めます。あなたがたは、召されたその召しにふさわしく歩みなさい。」

恵みにより、信仰による救いが私たちに与えられたのは、神が「罪の中で苦しんでいる私たちがかわいそう」であると考えられたからだけではありません。何よりも私たちに「召し」という「使命」を与えるために大能の力を注がれたのです。だからこそ、その使命に「ふさわしく歩む」、「ふさわしく生きる」よう、招かれています。クリスチャンにとって大切なのは、「将来、天国に行く」こと以上に、「今、地上での使命を果たす、そのために生きる」ことです。神の恵みにふさわしく、今を生きることなのです。

では、「召しにふさわしい歩き方」とは、具体的にどういうことでしょうか。

それが三節です。「平和の絆で結ばれて、御霊による一致を熱心に保ちなさい。」

キリストに現された神の大能の力によって、神は平和を生み出されました。エペソ人への手紙で具体的に取り上げられているのは、かつて敵対していた者たち（異邦人とユダヤ人）の間の敵対関係の解消です（二章）。神の大能の力によって、一つの神の民が生み出されました。民族に関係なく、信仰というしるしを与えられて集められた一つの民です。神がその大能の力によって私たちを一つにされたのですから、一つであることが目に見えるように、そしてそれが目に見え続けるように努力するように招かれています。与えられた恵みと信仰と喜びに押し出されて、一つとなるように、からだを前に伸ばすのです。

あらゆるクリスチャンが一つであり続けることこそが、クリスチャンに与えられた最も大切な使命の一つです。「一つになるように努力しなさい」ではありません。「あなたがたは一つなのです。クリスチャンに欠くことのできないもの、つまり、望み、からだ、御霊、主、信仰、バプテスマ、父である神が一つなのですから（四・四〜六）、当然そうです。ですから一つであることが、目に見えるかたちで現されるように努力しなさい」です。神が与えてくださっている一致を、目に見えるかたちにするのです。

どうすれば目に見えるかたちで一致を保つことができるのでしょうか。

このことの手がかりは私たちの人格にあります。ですからパウロは、具体的に私たちが自分のものとするべき人格をあげています。

まず、「謙虚と柔和の限りを尽く」すことです（四・二）。これは、「考えられうる最高の謙遜と柔和」を身に着ける、という意味です。「謙虚」とは、自分を低くすることです。

「柔和」とは、自分が何か素晴らしい人物、特別な人物であるかのようにふるまわないことです。

謙虚でなく柔和でなければ、自分の意見、自分の考えを通すことこそが人生の目的となってしまいます。その結果、自分の意見や考えに反対する人、疑問をもつ人、修正を求める人がみな敵となります。そして、一致はどんどん破壊されていきます。

むしろ、自分も間違っているかもしれない、自分も学ばなければならない、自分も知らなければならないことがある、という姿勢で、いつも人と向き合うことが大切です。全力を尽くしてそうするのです。それが「謙虚と柔和の限りを尽くす」ということです。

もう一つは、「寛容を示す」ことです（二節）。寛容といっても、「何でも良しとする」「すべてを受け入れる」という意味の寛容ではありません。忍んで耐え、結果を待つ姿勢という意味での寛容です。「寛容」よりも「忍耐」と訳すほうがよいのかもしれません。さらに、他人に対するのみならず、自分に対しても寛容が必要です。時間をかけて、忍耐強く、結果が出るまで待つのです。結果を急ぐ人は寛容ではありません。

謙虚と柔和の限りを尽くし、寛容を神からいただいて歩むとき、私たちは「愛をもって互いに耐え忍び」合うことができます。「互いに」がポイントです。自分が相手に対して忍耐していることばかりを考えがちですが、自分もだれかに忍耐してもらっていることを知ることが大切です。このことがわかり、それに取り組むならば、一つであることが見えるかたちになっていくのです。互いに耐え忍ぶことは、「人に迷惑をかけない生き方」とは少し違います。むしろ、「あなたは人に迷惑をかけて生きているのだから、他の人から迷惑をかけられても、怒らないで、受け入れてあげなさい」という生き方です。

クリスチャンが一つであり続けるために謙虚と柔和と忍耐の限りを尽くすこと、これは簡単ではありません。どこかの聖会に一回、出席して、素晴らしい説教を聞いたら、できるようになるというものではありません。私ひとりでなんとかできるものではないからです。つまり、だれかとの関わりの中で育てられていく人格なのです。ですから、完成することもありません。まさに忍耐強く、謙虚と柔和の限りを尽くし続けることが何よりも大切なのです。

神から信仰を与えられるのは、「ある一瞬」かもしれません。けれども、召されたその召しにふさわしく歩む一致への道は、終わりのない旅路です。そして、ひとりでは歩むことができない旅路です。

キリストにおいて現された神の絶大な恵みに目が開かれた者は、この使命の道を一生涯歩むように召されています。クリスチャンとは、時間がかかり、相手がおり、完成がないこの旅路へと導き入れられ、それを歩んでいる者です。神の恵みと、信仰という神の賜物が私たちを、一致を見えるようにするこのプロセスへと押し出してくれます。そのために私たちは心とからだを一生懸命に用い続けて、自らを整え続けていくのです。

私たちのホーリネス——一つであることを保つためになすべき具体的なこと

それでは、謙虚と柔和と忍耐を具体的にどの現場で現していくことによって、一つであることが整えられ、保たれていくのでしょうか。はるか遠くに思われる一致への道のりをどこから始めればよいのでしょうか。

エペソ人への手紙には、数多くの具体的な道、それも実に身近な道が記されています。そのいくつかを紹介しましょう。

一つめは、四章一五節にある「愛をもって真理を語る」ことです。「真理を語ること」だけならば簡単でしょう。相手のことを何も考えないで正論を吐けばよいのですから。その真逆の「真理を語らないこと」も簡単かもしれません。他者との摩擦を避けられるからです。

しかし、「愛をもって真理を語る」のは難しいことです。なぜならば、正しいことを正しいこととして語りつつ、相手を生かし、支えることに最大限の努力を注ぐからです。忍耐と謙遜がなければできません。そして、決して相手を見捨てず、理解できるまで待ち続けることが求められます。そこに自己犠牲という愛の姿が必要となります。一つであることを、継続して目に見えるようにしたいのならば、教会を含めてあらゆるところにおいて、愛をもって真理を語ることがどうしても必要なのです。

二つめは、五章一五節〜六章九節に書かれている、知恵のある者として歩むことです。神の知恵をいただいて歩くことです。これは、二章一〇節にある、神があらかじめ備えてくださった良い行いの一つです。具体的には、私たちが社会で経験している様々な関係の中で、知恵のある者として歩むのです。

まず、夫婦関係においてです（五・二二〜三三）。妻が夫に仕え、夫が妻を愛することです。互いに仕え、すべてを相手のためにささげるのです。

次に親子関係においてです（六・一〜四）。子は両親を重んじ、両親に従います。主を重んじ、主に従うように、そうするのです。父は子を怒らせず、主が自分を育ててくださるように、子どもを育てます。親の子育ての姿には、実は、その人の神理解が如実に現れます。自分の親との関係が、自分の神との関係に深い影響を与え続けるからです。ですから、知恵のある者は、神との関係を整え、それに基づいて家族との関係を整えていくのです。

最後に、奴隷と主人の関係においてです（六・五～九）。奴隷と主人という現実の中で、「主に仕えるように、喜んで仕える」のです（同七節）。職場における上司・部下関係にも同じことが言えます。脅しによる関係ではありません。ハラスメントはもってのほかです。

このように私たちは、自分の生きているあらゆる社会関係を見直し、その関係の中に神の知恵をいただく必要があります。

聖会などに行くと、そこで教会での奉仕について多く語られる傾向があります。しかし、クリスチャンにとってまず大事なのは、教会内でどうするかではないのです。むしろ、社会で、家庭で、職場で、どのように生きるかです。これらの現場で、悩み、祈り、考え、選択し続けていくことをもっと重んじるべきです。そして、教会の働きは、これらの現場で知恵のある者として歩むことを支えるものとなるべきです。私たちはいつも教会から世界へと遣わされているのです。神が私たちを遣わす現場にもっと焦点を当てるべきです。

三つめは、六章一一節にある「悪魔の策略に対して堅く立つことができるように、神のすべての武具を身に着け」ることです。ここでは、真理、正義、平和の福音、信仰、救い、御霊の与える剣、神のことば、祈りという武具をもって戦うことの重要性が語られています。

では、「悪魔の策略」は具体的にどのような場で現れるのでしょうか。それは、地上における私たちの人間関係の中において現れます。何か特別のことではなく、日々の小さなことの中において現れます。ですから、ここで述べられている戦いとは、愛に根ざして真理を語り、あらゆる人間関係の中で知恵ある者として歩むことそのものです。

ですから、愛に根ざして真理を語り、人間関係の中で知恵のある者となり、一つであり続けるように努め、忍耐と謙遜をもって隣の人と向き合うためには、真理、正義、平和の福音、信仰、救い、御霊の与える剣、神のことば、祈りが不可欠なのです。

悪魔との天上での戦いが続きますが、私たちにとっての現場は、地上における他者との関わりです。教会の交わりの現場において、社会的な交わりの現場において、私たちは戦っているのです。そこでの敵は、私たちに反対する人々ではなく、悪魔です。見間違ってはなりません。人を敵としてしまうとき、和解は生み出せません。和解へと進むことはできません。だからこそ、神の武具、そしてお互いのための祈りが欠かせないのです。

ときに私たちはだれが敵か勘違いをして、空虚な戦いをしてしまいます。祈りつつ、地上の現実において神の召しに従って歩むとき、私たちは、地上にいながら天上における悪魔との戦いを戦っているのです。天上と地上は、私たちを通して結びついています。このことを願って、神が私たちを救い出してくださったということを忘れてはなりません。

私たちの宣教――世界中へと神の知恵を知らせる

四章一節にある「召されたその召し」にふさわしい生き方とはどのようなものかを見てきました。けれども、「召されたその召し」とは何かは語らないできました。私たちのホーリネスはどのような歩み方であるのかを語ってきましたが、どうしてホーリネスが必要なのかは語ってきませんでした。

最後に考えたいのは、私たちが召されたその召しとは何かということです。なぜホーリネスが求められているのでしょうか。なぜ神はキリストのうちにその大能の力を働かせて、私たち信じる者をキリストとともに復活させ、キリストとともに天の王座に着かせてくださったのでしょうか（一・二〇）。なぜ一致を保つために努力すべきなのでしょうか（四・三）。なぜ忍耐と謙遜を求めつつ、社会生活を重んじるべきなのでしょうか（同二節）。なぜそのようなかたちで悪魔の策略と戦うべきなのでしょうか（六・一一）。

次のように思っている人がいるかもしれません。神がキリストにおいて私たちを罪から救ってくださったのは、私たちがもう二度と神を悲しませるような悪い子にならず、神を喜ばせる良い子になるためである、そして私たちが毎日を明るく生きることができるようにするためである、死んでも、滅びず、天国に行くことができるようになるためである、と。

この考え方は、大きく間違っているわけではありません。けれどもエペソ人への手紙は、これとは違った召し、使命が私たちに与えられていると語っています。

それでは、神が与えてくださった使命とは何でしょうか。それは三章一〇節、「これは、今、天上にある支配と権威に、教会を通して神のきわめて豊かな知恵が知らされるため」です。私たちがこの地上において、一致を継続するように熱心に努め、社会的な人間関係を大切にして、知恵のある者のように歩むとき、何が起こるのでしょうか。天上の支配、権威、あらゆる霊的な力ある存在、特に、この世界を自分が支配していると思っている悪魔が、地上の教会の姿を見て、この世界を、天と地を支配しているのは、自分たちでないことに気づくようになるのです。

この世界を本当に支配しているのは、天上において、神の右に座しており、神によってすべての支配、権威、権力、権勢の上に置かれたキリストです（一・二〇～二二）。そのことをあらゆる霊的な力ある存在が知るようになるために、私たちは召されています。言い換えるならば、私たちがこの地上において、一致を継続するように熱心に努め、社会的な人間関係を大切にして、知恵のある者として歩み続ける選択を日々行い、そのように歩むとき、天上においても、地上においても、世界の本当の王がキリストであることが明らかにされていくのです。そして、そのような歩みを通して、私たちはキリストとともに天上に座るのです。

私たちの歩みを見て、私たちと関わりのある人々がキリストを主であると信じるようになることは本当に大切なことです。しかしエペソ人への手紙は、私たちは証人として人の前に立つだけでなく、天上にある様々な力の前にも立つと語っています。地において証人であるだけでなく、天においても私たちは証人なのです。地上の歩みを通して、天上にある様々な力に対する証人にもなっているのです。

ですから私たちは、キリストこそがすべての者の上に立つことを世界中の人々に知らせる証人であるとともに、霊的なものも含めて、この世界に存在しうるあらゆる力のある存在に対して、そのことを知らせる証人でもあるのです。私たちのホーリネスを通して、私たちは地上において、天地にあるあらゆる存在に対する証し人となるのです。そして、私たちの遣わされた使命を果たしていくのです。

これは夢物語のように思えるかもしれません。なぜならば、この地上で一致が継続するように熱心に努め、家族を本当に愛し、共にいる人々を大切にし、同労者に仕えることには宇宙大の影響力がある、と語っているからです。小さなことと思えることを忠実に行うとき、天と地とそこに満ちているものすべてにインパクトを与えることができるのです。神が御霊を与えて、私たちの心の目を開いてくださったとき、私たちの使命がはっきりとわかるようになります。そして、私たちがあらゆる存在に対する証人であるとしたら、人に見られるために何か良いことをしよう、といきり立つ偽善がいかに愚かであるかを教えられます。私たちは、周りにいる人に対してだけでなく、私たちの目には見えないこの宇宙大の力に対しても証人だからです。

一致を継続するために熱心に励み続け、そのための人格を整えるとき、悩み、考え、取り扱われ、そして知恵のある者としての歩みを継続していくとき、隠れた、目立つことのない、地味な戦いと歩みをし続けるとき、全宇宙は私たちを通して「イエスは主である」と知るようになります。私たちには、そのような驚くべき使命が与えられています。ここまで影響力のあるわざを私たちはこの地上で行うことができます。小さいとしか思えない毎日のわざが、これほど大きな働きとなるのです。

天と地が一つになるという神の宣教の前味として

私たちが一致を継続するために熱心に励むとき、最初にお話しした、天地を造られた神がこの世界に抱いておられる計画が前進していきます。もう一度、一章一〇節を見てください。「天にあるものも地にあるものも、一切のものが、キリストにあって、一つに集められることです。」これが、私たちのホーリネスを通して実現していきます。もちろん、このことが完成するのは、キリストがもう一度来られる時です。しかし、私たちがホーリネスに生きるとき、不思議なかたちで神のわざが完成に向かって進んでいくのです。

様々な人がいる「教会」を一つにし、その一致を継続するために全力を尽くし、それぞれの現場へ遣わされて行こうではありませんか。そのことによって、私たちはこの神のご計画の一端を担うのです。そして、まさにこのことのために、神はご自身の大能の力をキリストに、そしてキリストを経由して私たちに注いでおられるのです。

教会を一つに整えるための働き人が求められています。このためにフルタイムで仕える人が求められています。

それとともに、地上における小さな働きが大切であることを忘れてはいけません。フルタイムで教会を整える働きも大切ですが、遣わされている家庭、職場、地域、友人の中で、小さな働きを続けることも非常に重要なのです。どのような働きであったとしても、どこに遣わされているにしても、それぞれ召されたその召しに応答し続けることが神のみこころなのです。召された召しにふさわしく歩むこと、この一点に尽きるのです。

ですから、神があなたに今与えておられる宣教の使命は何か、祈り求めようではありませんか。そして、自分がどこへ遣わされているのか、祈りつつ確認させていただこうではありませんか。遣わされたところで、神の大能の力、その恵みによって小さな働きを続けようではありませんか。

キリストにその大能の力を働かせた恵みの神が、ご自分が信仰を与えた者にどれだけの力を注いでくださるのか、確信して歩もうではありませんか。あなたのとても小さな働きが、宇宙大の影響を与えるのですから。

おわりに

エペソ人への手紙の講解説教集である本書には、二組の説教が集められています。最初の十一編の説教は、筆者が日本イエス・キリスト教団名谷教会で二〇〇六年に語り、その後、同教団青山台希望教会（現在は同教団明石人丸教会に合流）と同教団伊丹聖書教会で二〇一〇年から二〇一二年にかけて語った説教です。聖書のテキストに則りつつも、できるかぎり教会に集う方々の現実に向き合うことができるように、と願って語ったものです。北米留学から二〇〇〇年に帰国し、日本で牧師として働きを始めて、それなりの期間が過ぎたころ、半人前牧師から一人前になりかけたころから語り始めた説教です。

さらに、最後の二編の説教は、最初の十一編の説教から十年ほど経た二〇一六年から二〇一八年にかけて、日本伝道隊の神戸リバイバル聖会、日本基督教団姫路福音教会、そして日本イエス・キリスト教団名谷教会で語ったものです。筆者が属する「きよめ派」の信仰のエッセンスに焦点を当てつつも、エペソ人への手紙全体を二回で説教しようとした試みです。最初の十一編では語らなかったことが語られている一方で、詳細は最初の十一編をご覧ください、というような部分もあります。できるかぎりエペソ人への手紙の全体像がわかるように、という意図で語りました。

また、最初の十一編と最後の二編を比べていただければ、筆者の理解が十年程度の間にどのように変わったのか、そしてどこが深まったのかを知ることができるのではないでしょうか。

最後の二編には、二〇一〇年からフルタイムで携わっている関西聖書神学校における伝道者・牧会者養成の働きが大きな影響を与えています。そして、二〇一六年に神戸でもたれた第六回日本伝道会議の講師であったクリストファー・J・H・ライト氏が好んで用いる「神の宣教」という表現も用いています。また、もう一人のライト、N・T・ライト氏が二〇一〇年にホイートン大学のチャペルで語った「十五分でエペソ人への手紙を見渡す」(Overview of Ephesians in 15 Minutes) からの知見も多く含まれています。

牧師が自分の説教のネタをばらすということはあまりなされないかもしれません。また、同じ説教をあそこここで語ったということも、あまり明かさないかもしれません。けれども、このように見直していくと、実に様々なものから影響を受けつつ、自分の説教が形づくられ、それが成長していくことに筆者自身は気づいています。

思い起こせば、筆者のエペソ人への手紙の理解は、アズベリー神学校に留学中、新約聖書学教授のジョー・ダンジェル氏から一九九一年ごろに教わったものに端を発します。特に一章から二章にかけての繫がりは、彼からの学びなしには気がつかなかったものです。さらに、ほぼ同時期に、病院におけるチャプレン見習いという研修の中で、留学生である私をまさに神の恵みをもって指導し、恵みの何であるかを身をもって現してくれた一人のクリスチャンとの出会いなしには、エペソ人への手紙で語られていることは私自身の中で深まらなかったと思います。三十年近く前の学びと出会いがあったからこそ、このような説教を語ることができるのだあ、と神の摂理の不思議を思っています。そういう意味で、この説教集を生み出すのにかかった時間は、三十年であると言えるのかもしれません。そして、このようにして説教を生み出す作業はこれからも続いていきます。

本書は、『新改訳2017』のための改訂作業から始めて、『バックストン著作集』の編集作業、またN・T・ライト著『イエスの挑戦』の監訳作業など、これらの出版のための労をとってくださったいのちのことば社の編集者である長沢俊夫氏からのお誘いなしには始まりませんでした。「鎌野先生といのちのことば社は運命共同体ですよ」などとびっくりするような言葉をかけてくださる長沢氏とは楽しいお付き合いをさせていただいています。また、今回、説教集をまとめるにあたって、説教した当時の音源はひょっとしたら探せばあったのかもしれませんが、それは用いず、むしろ筆者の手もとにあるほぼ完全原稿に近いアウトラインを、長沢氏が『バックストン著作集』で見せた「リライト」の才能を見事に発揮して書き直してくださいました。もともとは口語訳聖書を用いて語られていた説教でしたが、『新改訳２０１７』を用いても全く違和感を覚えないものになっていますし、アウトラインにすぎない原稿に明確な言葉の流れが添えられています。さらに、何か所かは、実際のアウトラインで書かれているトピックとは、その順番が変えられています。このような形で長沢氏がリライトしてくださった原稿に筆者が手を加えたものが本書です。長沢氏なしでは実現できない、鎌野＋長沢の説教集です。もちろん、欠けは筆者の責任ですが、それを多面から補ってくださいました。本当にありがとうございます。これからも本を一緒に作らせていただきたいと願っています。

最後に、本書は妻のかをりに献げます。これが出版されるころには、彼女と結婚して丸二十四年が過ぎていると思います。この二十四年間、神の恵みということにおいて、いつも同じ歩調で進んできてくれて、心から感謝をしています。「こんなところで感謝をするより、面と向かって言え」と本人と二人の大学生の子どもたち、ゆかりと慈人から怒られそうですが、言わないよりは言うほうがよいと思いつつ、感謝の言葉とします。

新型コロナウイルス感染症が拡大しつつある二〇二〇年の受難週に
神戸の塩屋、旧聖泉館の一室で、建築されつつある新校舎を覚えながら

鎌野直人

神の大能の力の働き

2020年6月15日 発行

著 者 鎌野直人
印刷製本 日本ハイコム株式会社
発 行 いのちのことば社
〒164-0001 東京都中野区中野2-1-5
電話 03-5341-6922（編集）
03-5341-6920（営業）
FAX03-5341-6921
e-mail:support@wlpm.or.jp
http://www.wlpm.or.jp/

ISBN978-4-264-04166-5